Driebanden biljart: Ongebruikelijke tabelpatronen

Van professionele kampioentoernooien

Vergelijk jezelf met professionele spelers

Allan P. Sand
PBIA Gecertificeerde biljartinstructeur

ISBN 978-1-62505-410-4
PRINT 8.5x11

ISBN 978-1-62505-267-4
PRINT 7x10

First edition

Published by Billiard Gods Productions.

Santa Clara, CA 95051

U.S.A.

For the latest information about books and videos, go to: http://www.billiardgods.com

Acknowledgements

Wei Chao created the software that was used to create these graphics.

Inhoudsopgave

Other books by the author ...

3 Cushion Billiards Championship Shots (a series)

Carom Billiards: Some Riddles & Puzzles

Carom Billiards: MORE Riddles & Puzzles

Why Pool Hustlers Win

Table Map Library

Safety Toolbox

Cue Ball Control Cheat Sheets

Advanced Cue Ball Control Self-Testing Program

Drills & Exercises for Pool & Pocket Billiards

The Art of War versus The Art of Pool

The Psychology of Losing – Tricks, Traps & Sharks

The Art of Team Coaching

The Art of Personal Competition

The Art of Politics & Campaigning

The Art of Marketing & Promotion

Kitchen God's Guide for Single Guys

Invoering

Dit is een van de driebanden biljart die laten zien hoe professionele spelers beslissingen nemen, gebaseerd op de tafelindeling. Al deze tabelconfiguraties zijn afkomstig van internationale wedstrijden.

Deze tabelconfiguraties plaatsen je in het hoofd van de speler, te beginnen met de balposities (weergegeven in de eerste tabel). De indeling van de tweede tabel laat zien wat de speler heeft besloten te doen.

Over de tabelconfiguraties

Elke configuratie heeft twee tabelconfiguraties. De eerste tafel is de balposities. De tweede tafel is hoe de ballen op de tafel bewegen.

Dit zijn de drie ballen op tafel:

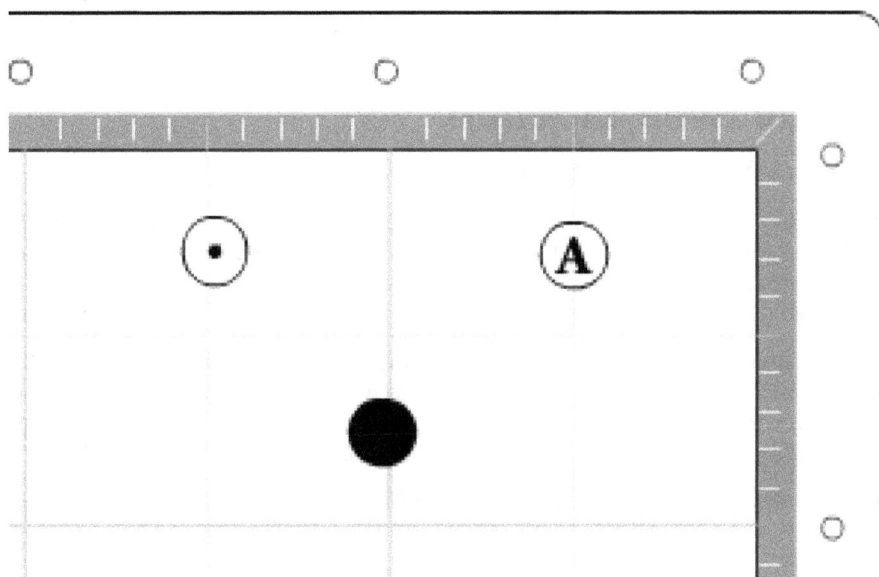

Ⓐ (CB) (uw biljartbal)

⊙ (OB) (tegenstander biljartbal)

● (OB) (rode biljartbal)

Tabel opstelling instructies

Gebruik papierbandringen om de balposities te markeren (koop bij een kantoorwinkel).

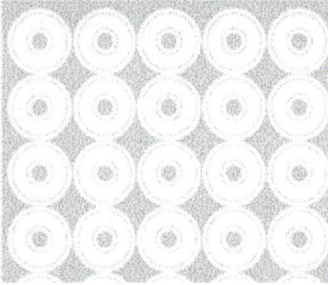

Plaats een munt op elk biljartbanden dat de (CB) zal aanraken.

Vergelijk uw (CB) pad met de configuratie van de tweede tabel. Om te leren, hebt u mogelijk meerdere pogingen nodig. Stel na elke fout een aanpassing in en probeer het opnieuw totdat je succesvol bent.

Doel van de twee tabellen

Deze tabelconfiguraties zijn bedoeld voor twee doeleinden.

- Uw analyse - thuis kunt u overwegen hoe de configuratie in de eerste tabel moet worden afgespeeld. Vergelijk uw ideeën met het werkelijke patroon op de tweede tafel. Denk aan uw oplossing en overweeg opties. Vanuit de tweede tabel kunt u ook analyseren hoe u het patroon moet volgen. Speel de opstelling mentaal af en beslis hoe je succesvol kunt zijn.

- Oefen de tafelconfiguratie - plaats de ballen op hun plaats, volgens de eerste tabelconfiguratie. Probeer het tweede tabelpatroon te dupliceren. Je hebt misschien veel pogingen nodig voordat je de juiste manier vindt om te spelen. Dit is hoe je deze opstellingen kunt leren en spelen tijdens competities en toernooien.

De combinatie van mentale analyse en praktische oefening zal je een slimmere speler maken.

A: Biljartbanden eerst

Dit zijn interessante configuraties. De (CB) gaat eerst in een biljartbandenen voltooit de score met een ongewone omstandigheid.

Ⓐ (CB) (uw biljartbal) – ☉ (OB) (tegenstander biljartbal) – ⬤ (OB) (rode biljartbal)

A: Groep 1

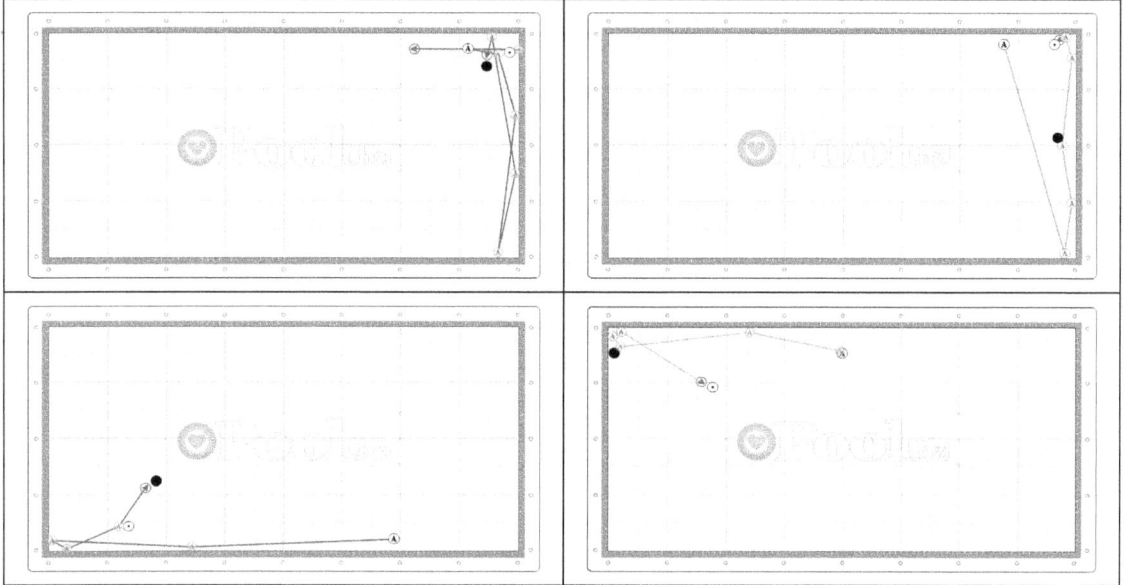

Analyse:

A:1a. _____

A:1b. _____

A:1c. _____

A:1d. _____

A:1a – Opstelling

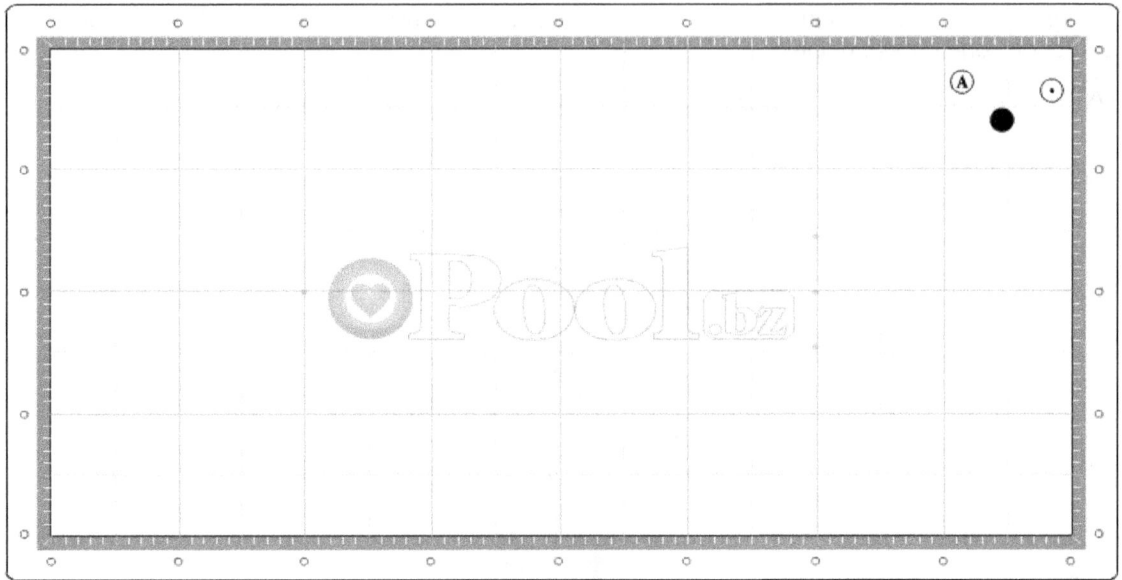

Opmerkingen en ideeën:

Schotpatroon

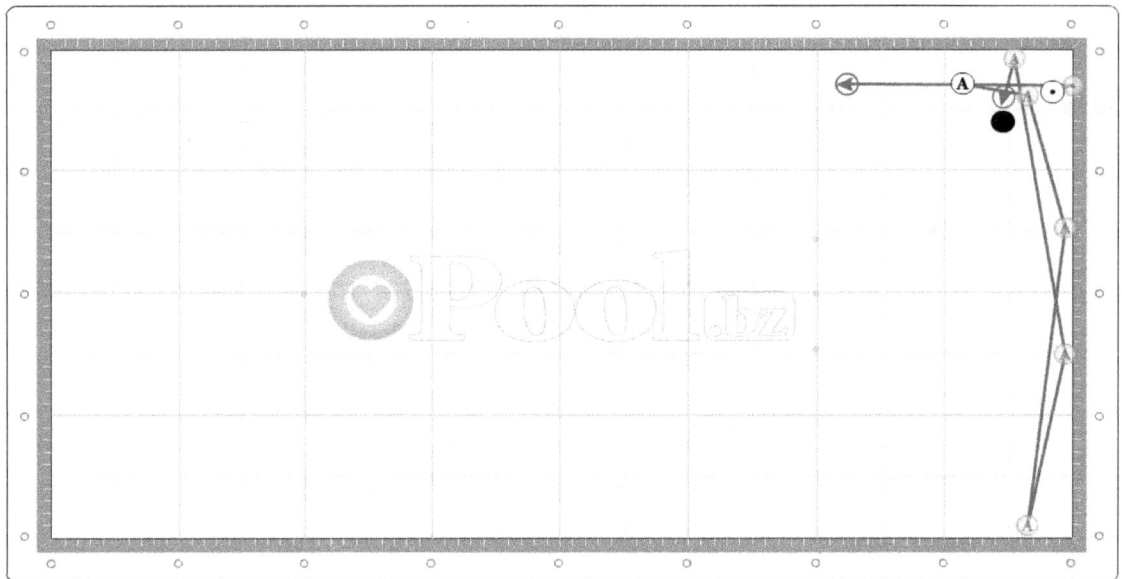

A:1b – Opstelling

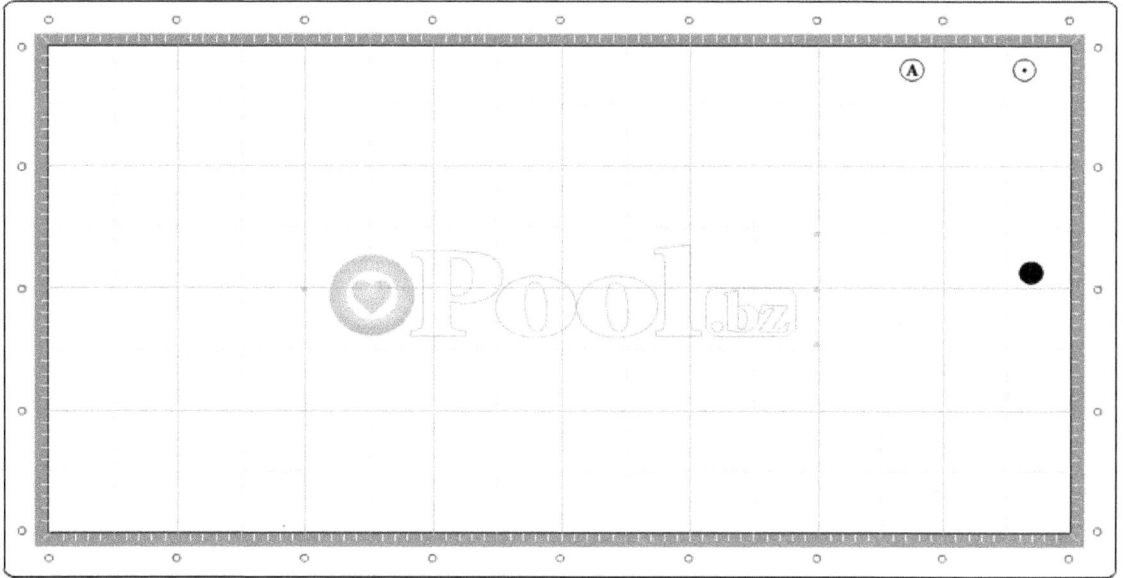

Opmerkingen en ideeën:

Schotpatroon

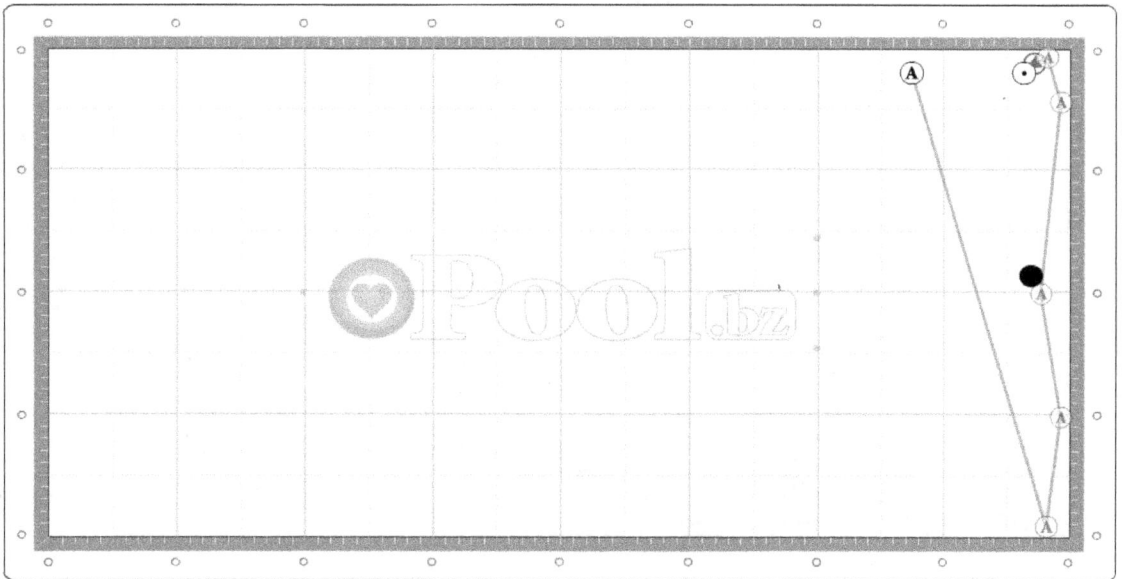

A:1c – Opstelling

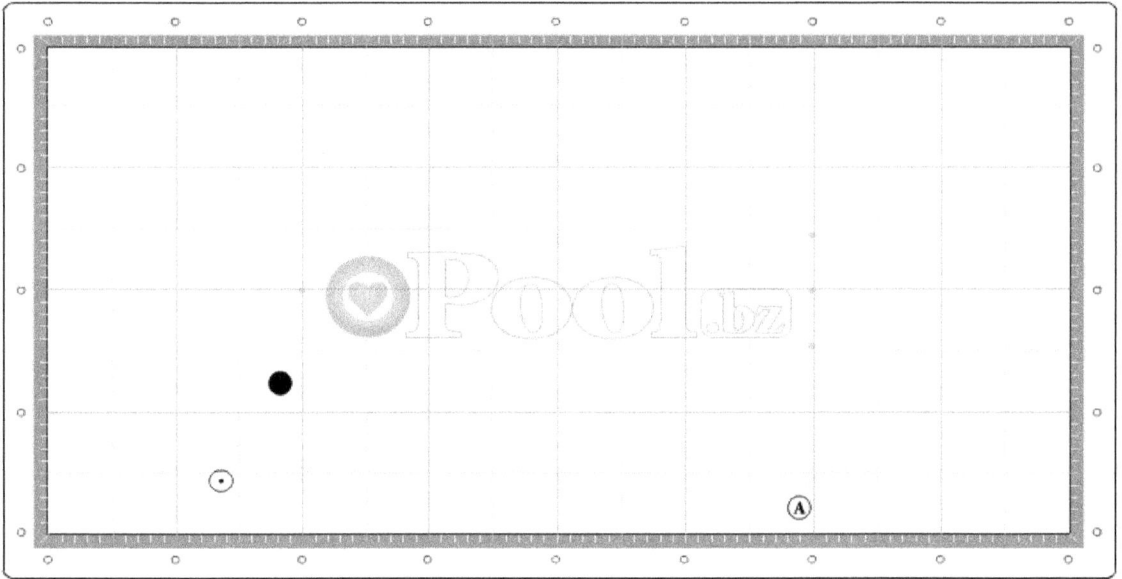

Opmerkingen en ideeën:

Schotpatroon

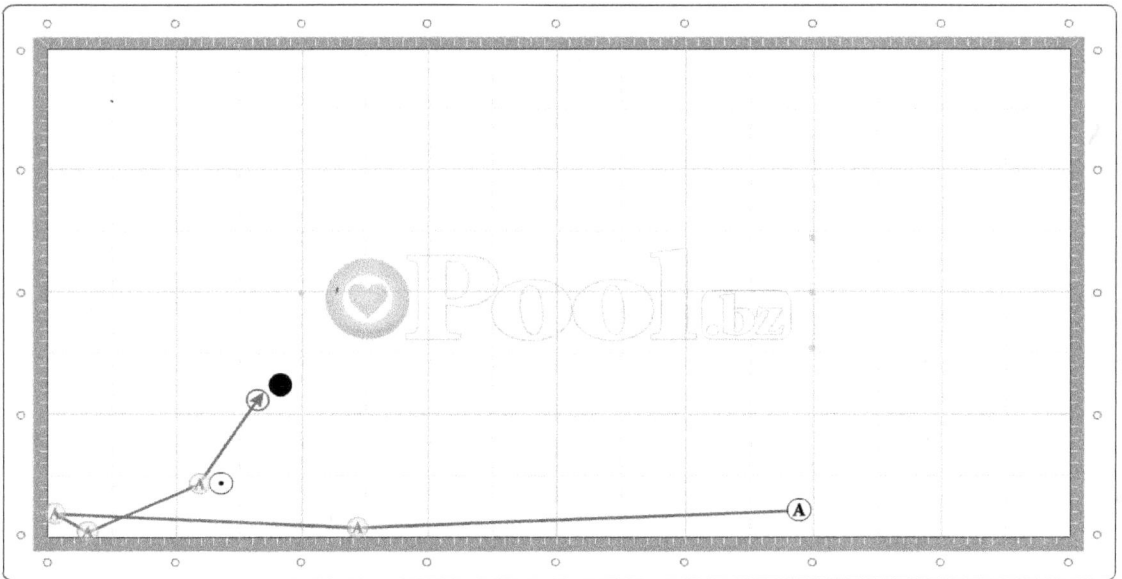

A:1d – Opstelling

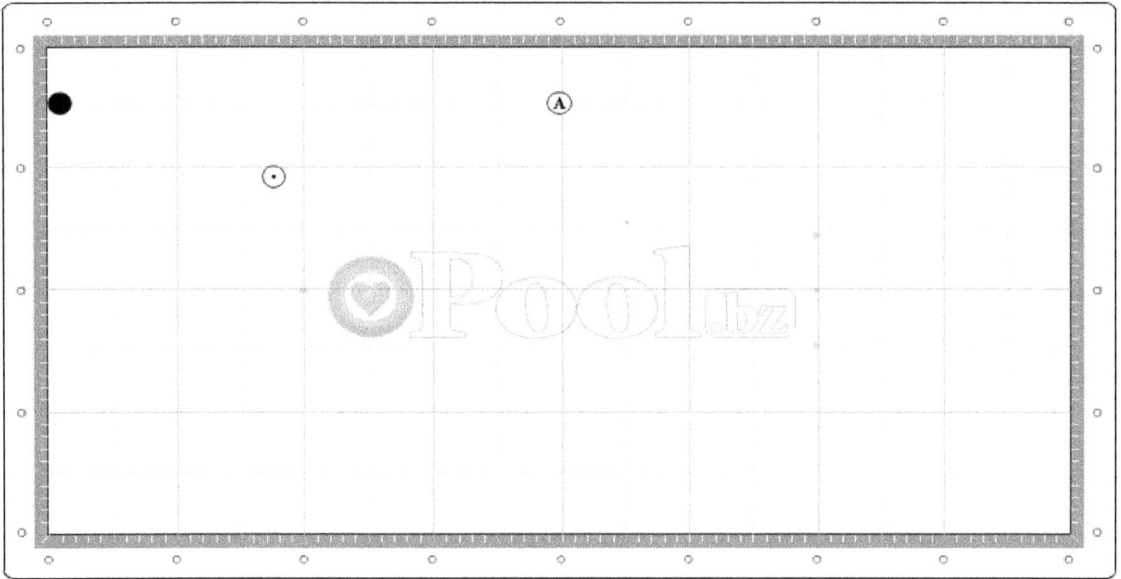

Opmerkingen en ideeën:

Schotpatroon

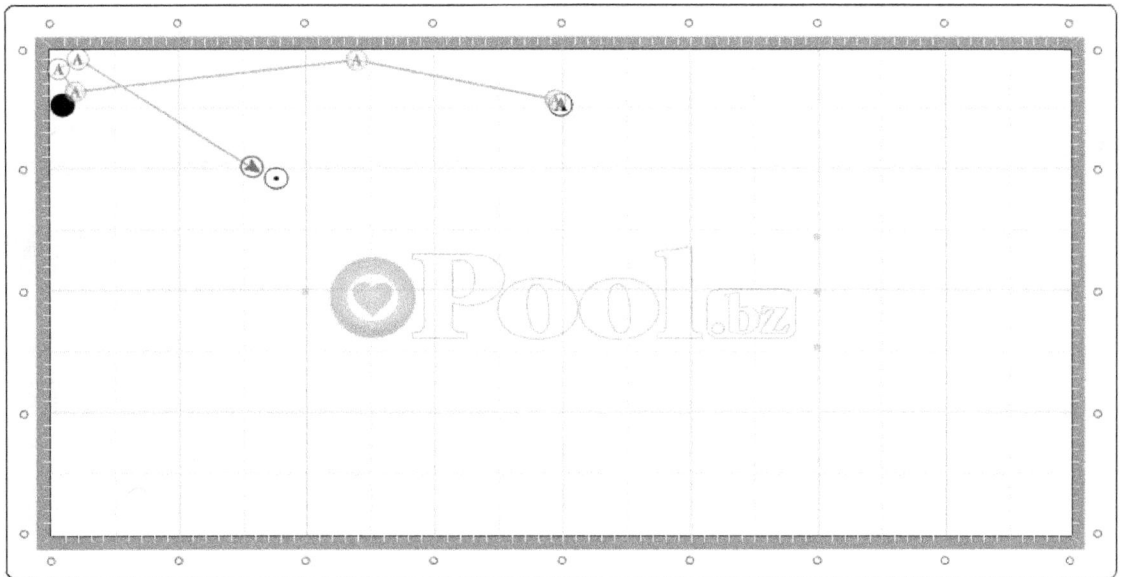

A: Groep 2

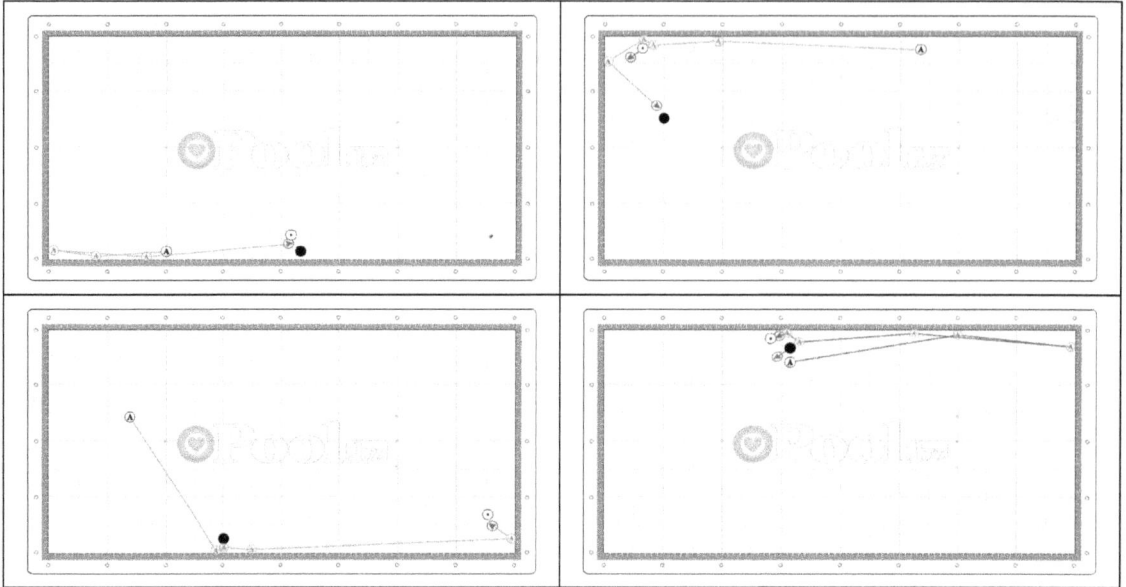

Analyse:

A:2a. _____

A:2b. _____

A:2c. _____

A:2d. _____

A:2a – Opstelling

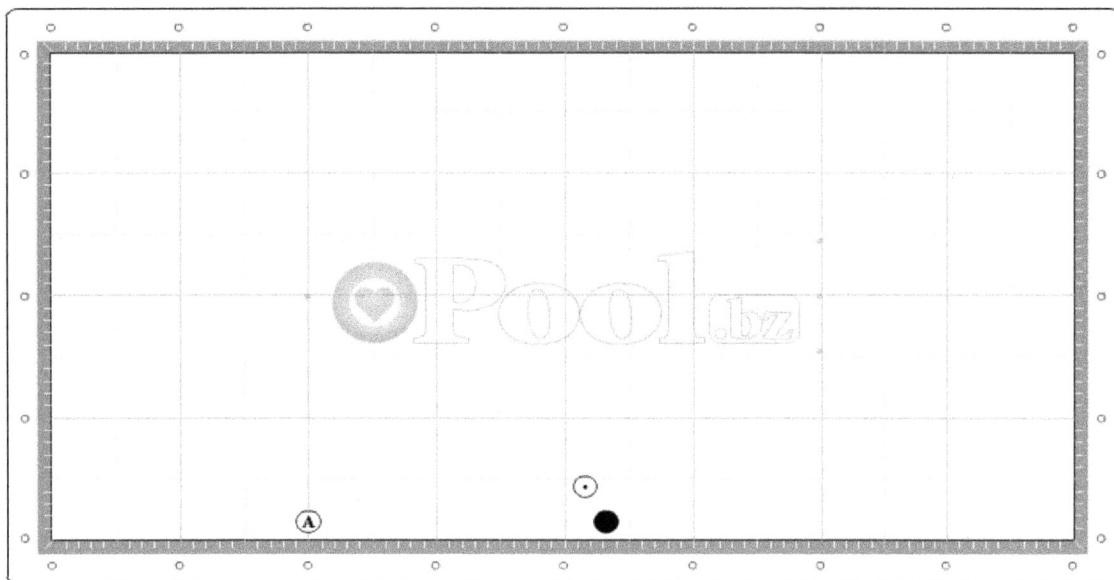

Opmerkingen en ideeën:

Schotpatroon

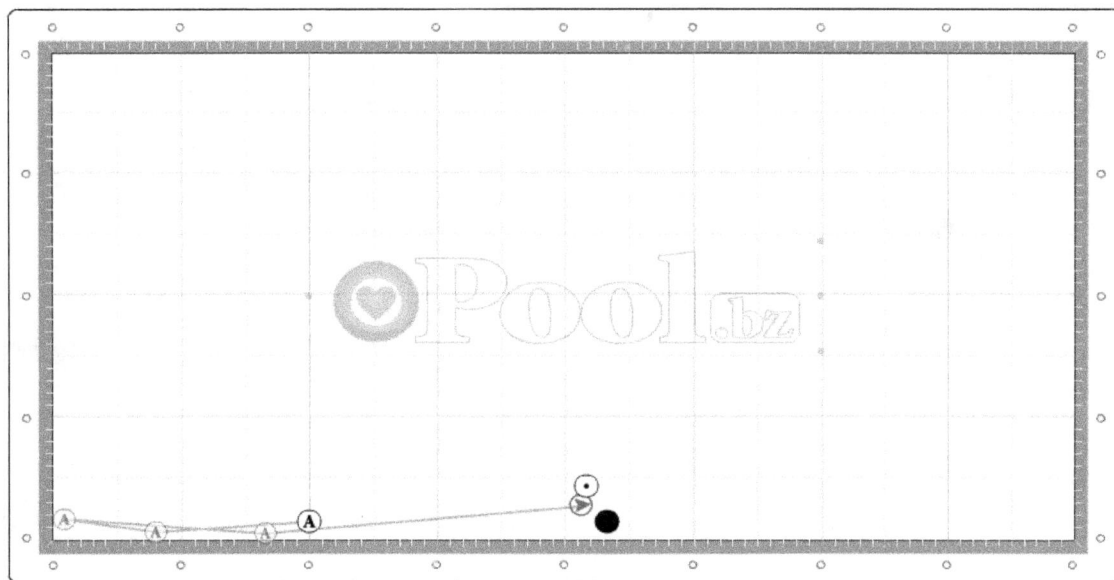

A:2b – Opstelling

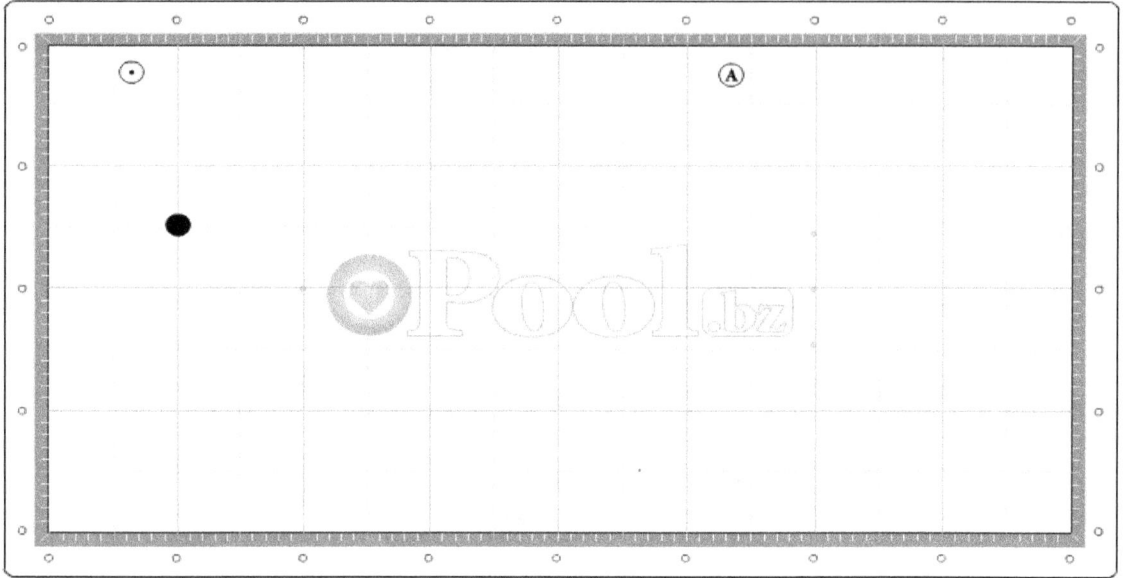

Opmerkingen en ideeën:

Schotpatroon

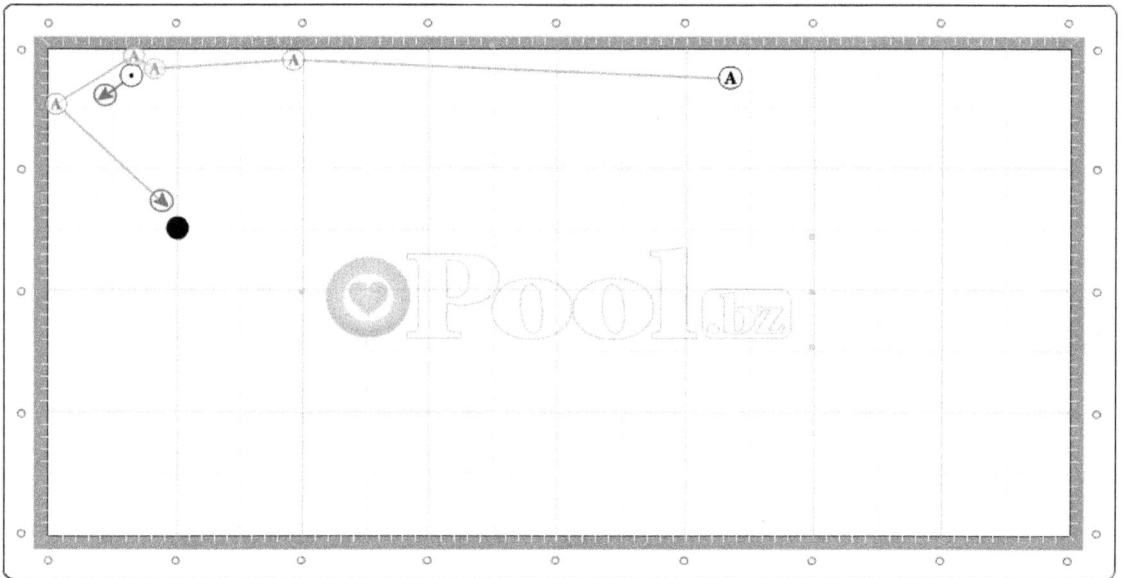

A:2c – Opstelling

Opmerkingen en ideeën:

Schotpatroon

A:2d – Opstelling

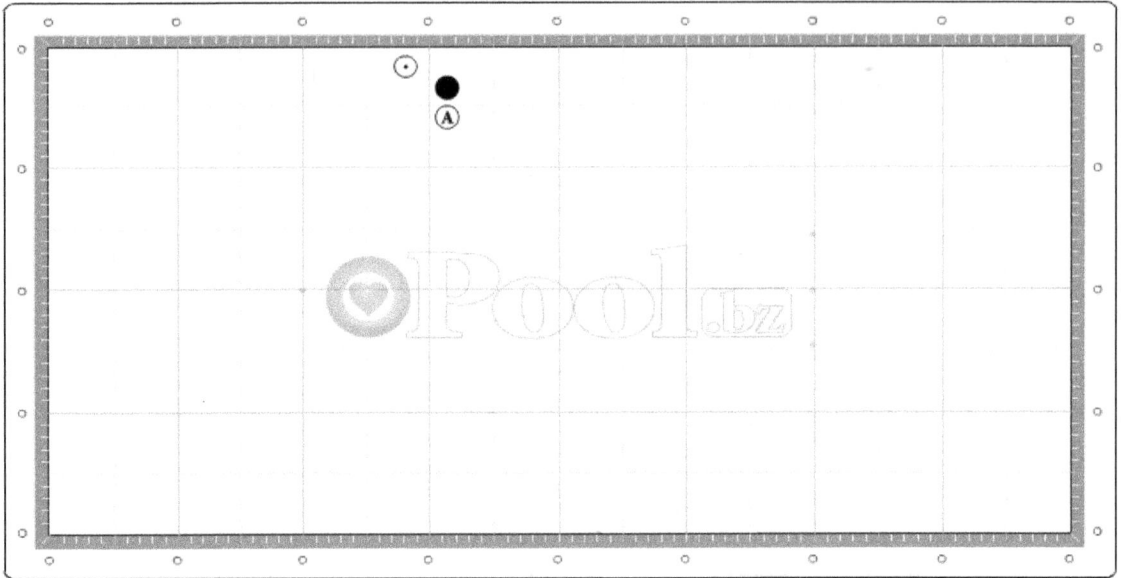

Opmerkingen en ideeën:

Schotpatroon

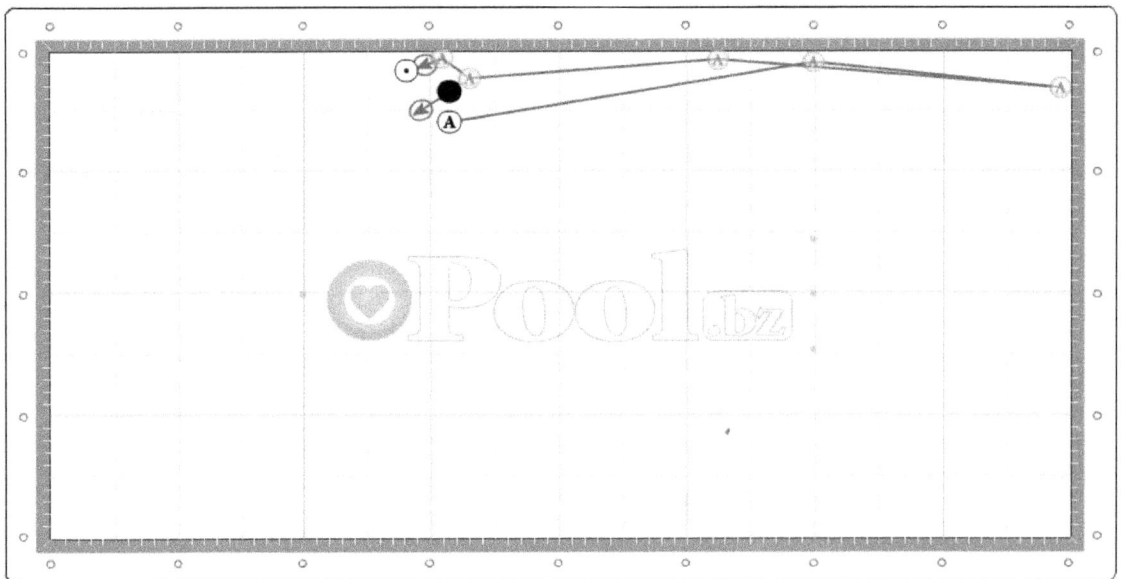

A: Groep 3

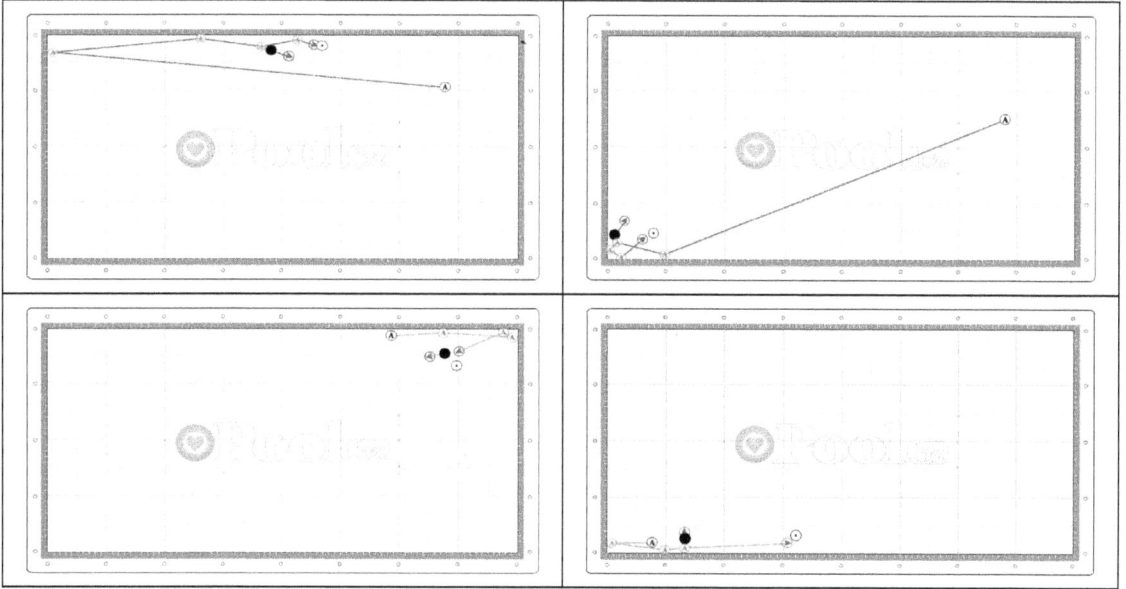

Analyse:

A:3a. _____

A:3b. _____

A:3c. _____

A:3d. _____

A:3a – Opstelling

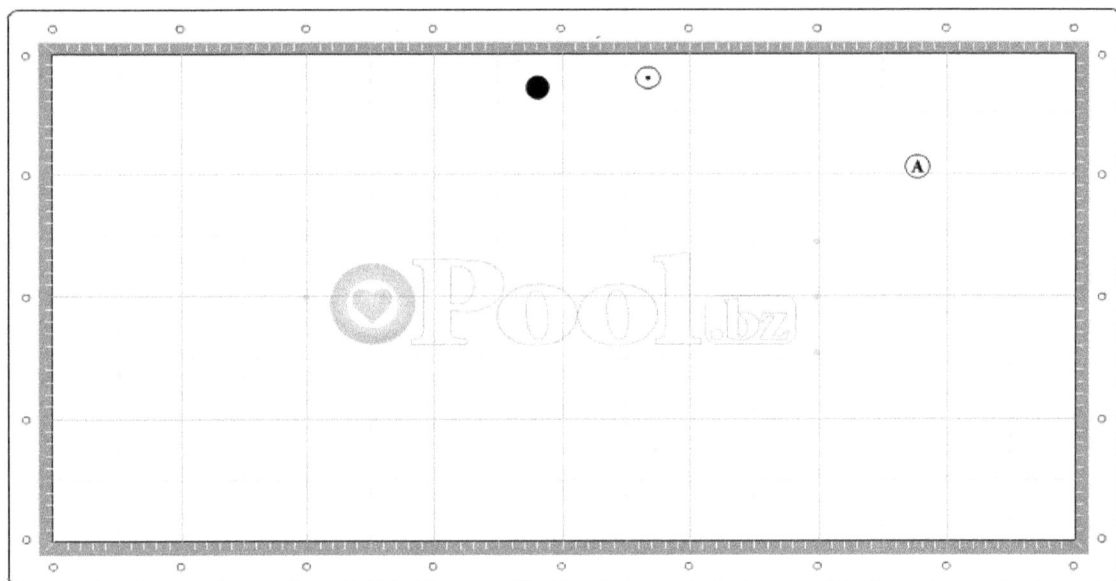

Opmerkingen en ideeën:

Schotpatroon

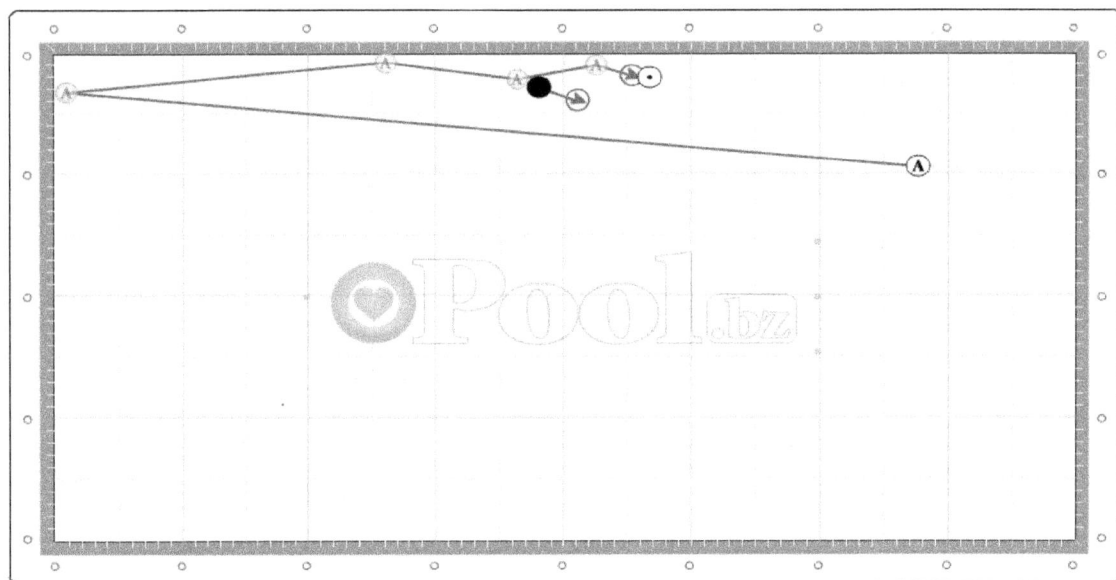

A:3b – Opstelling

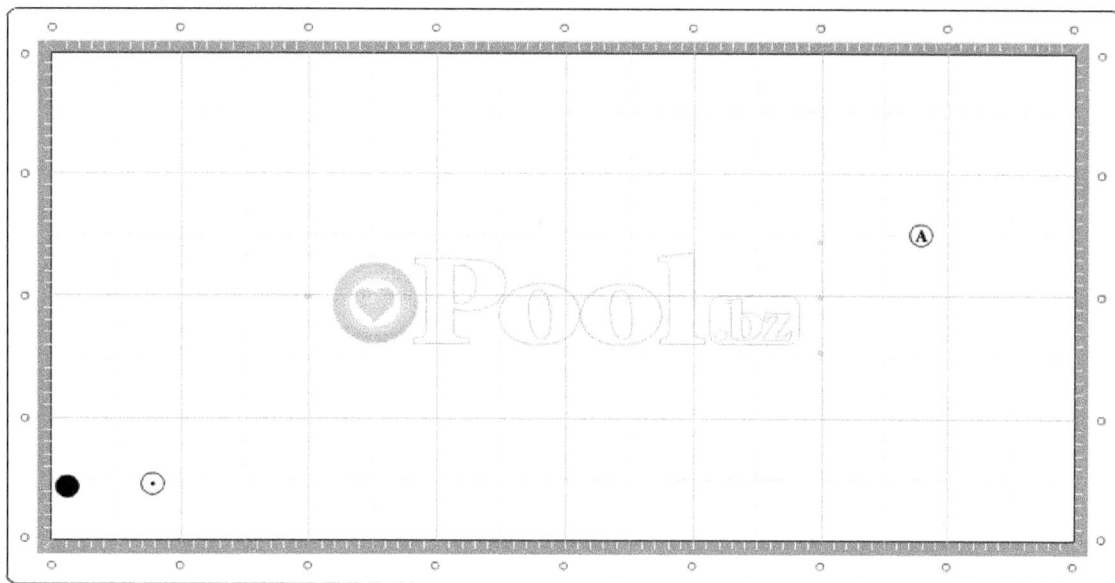

Opmerkingen en ideeën:

Schotpatroon

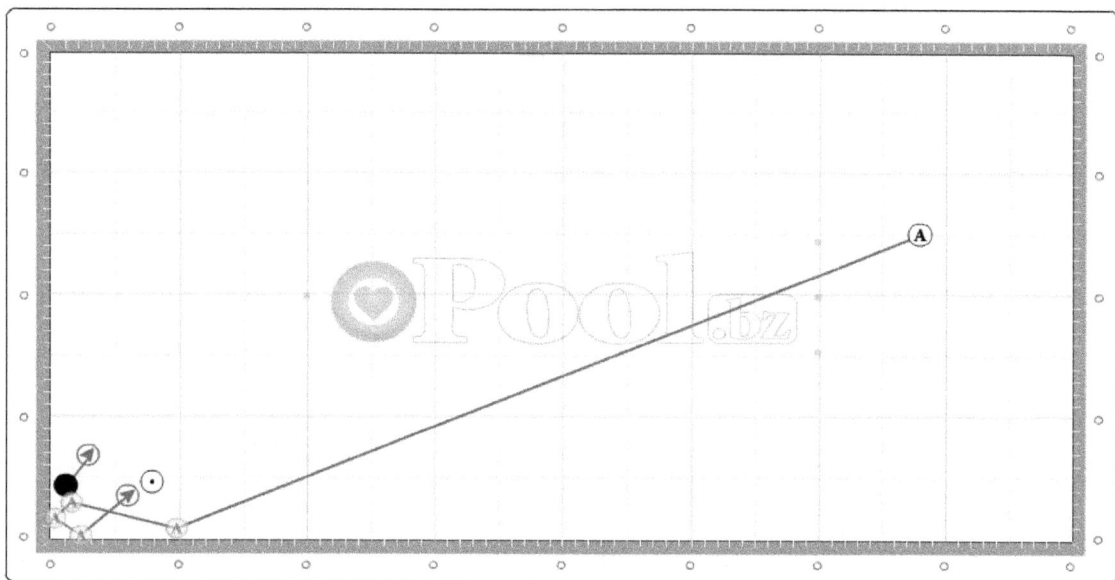

A:3c – Opstelling

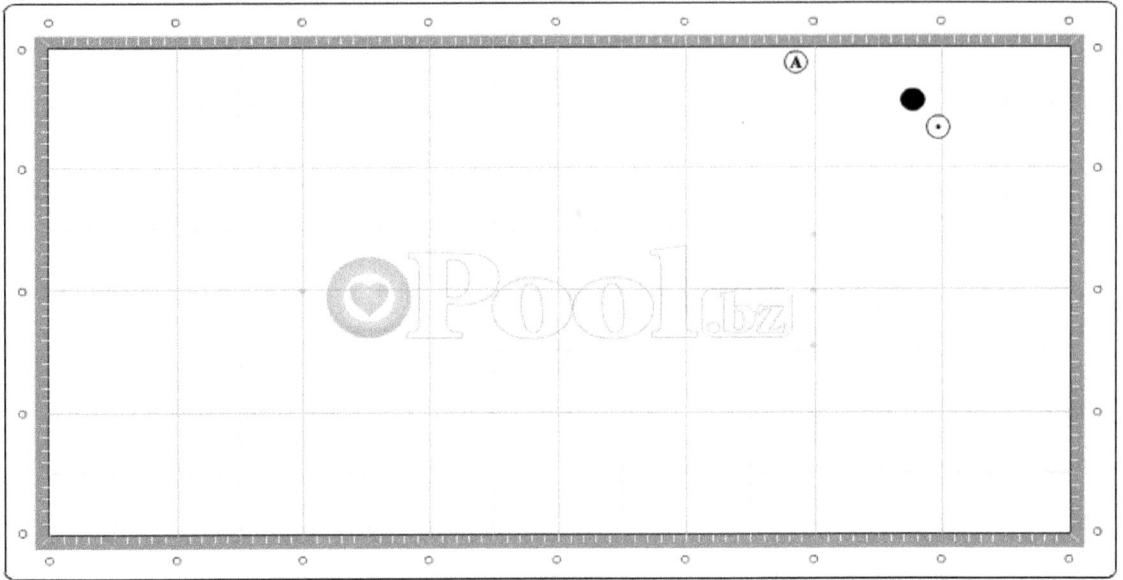

Opmerkingen en ideeën:

Schotpatroon

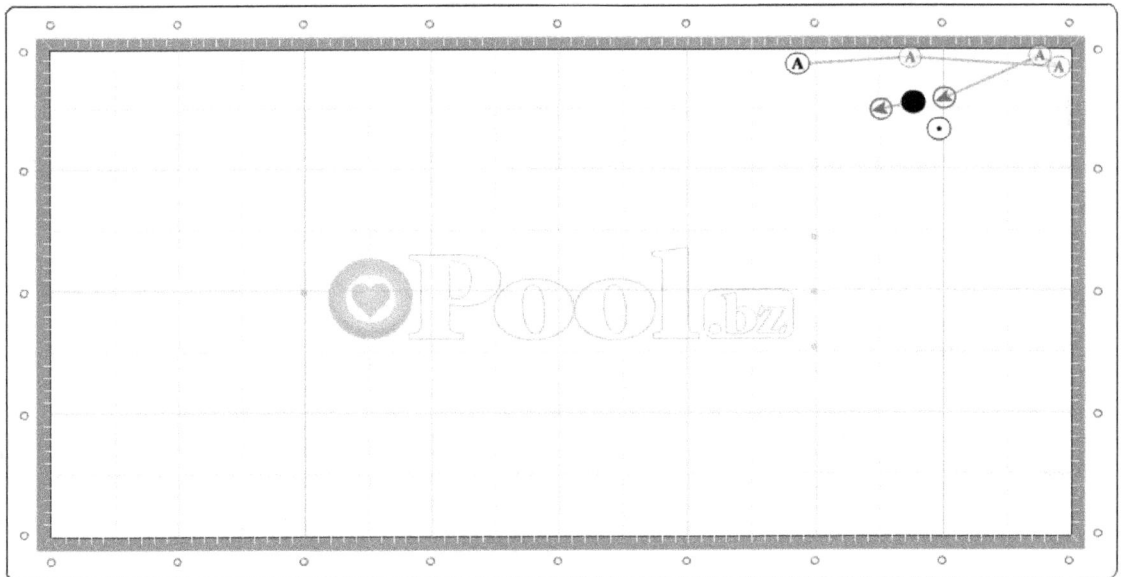

A:3d – Opstelling

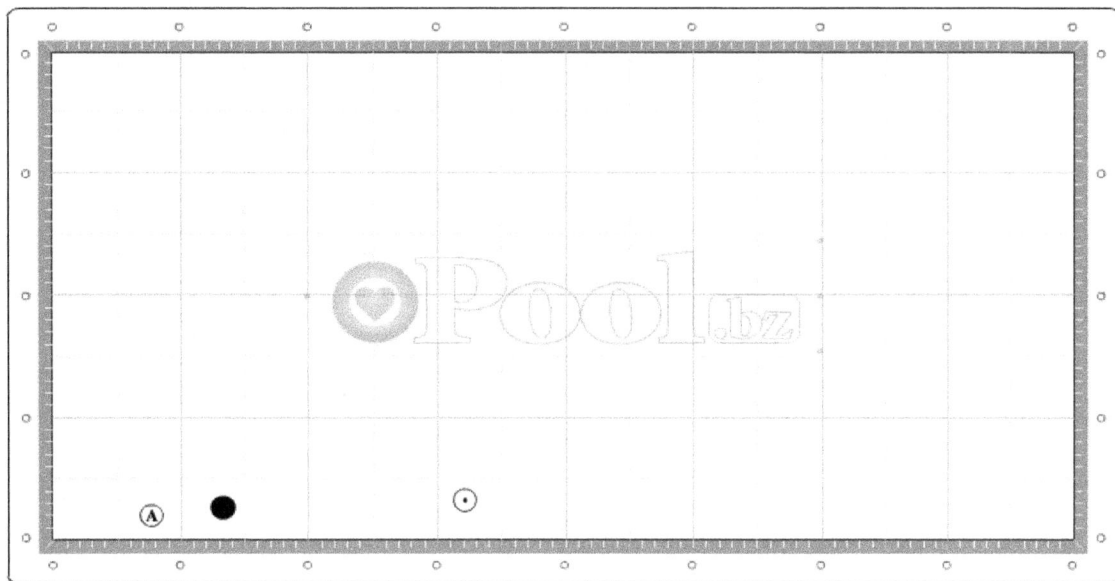

Opmerkingen en ideeën:

Schotpatroon

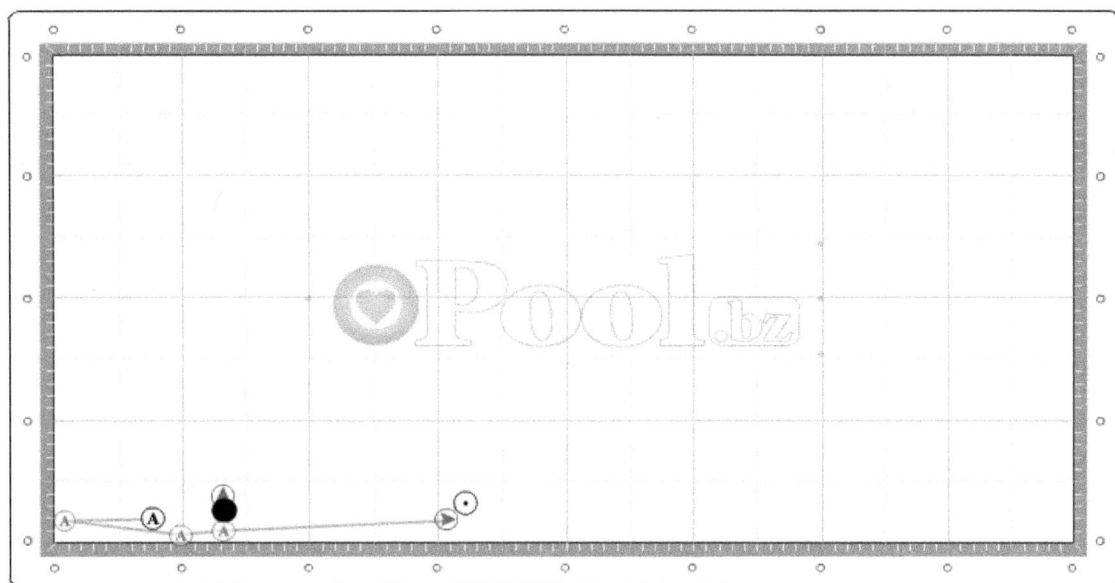

A: Groep 4

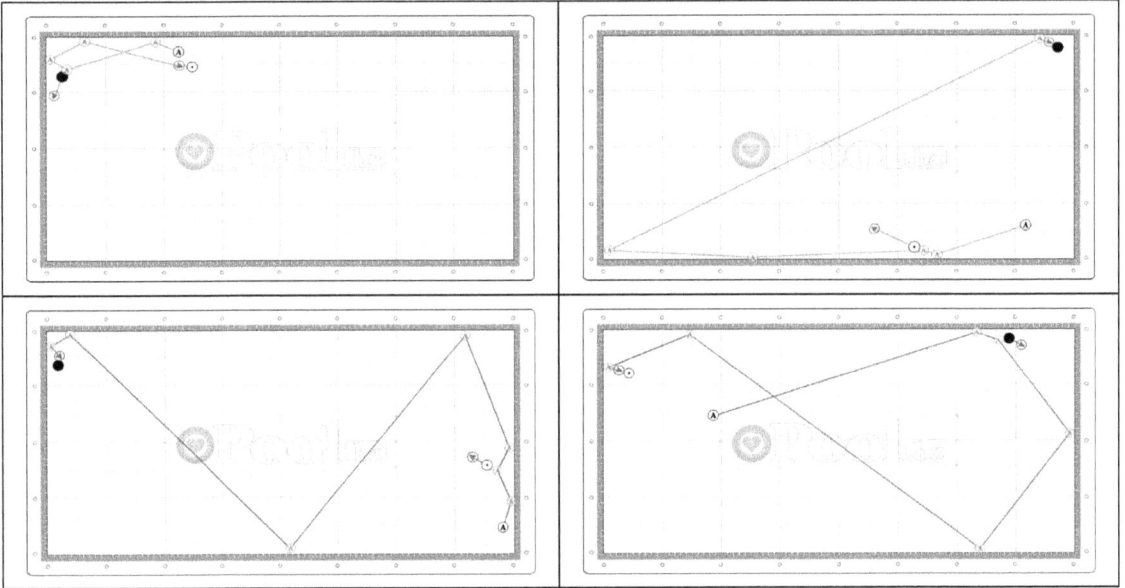

Analyse:

A:4a. _____

A:4b. _____

A:4c. _____

A:4d. _____

A:4a – Opstelling

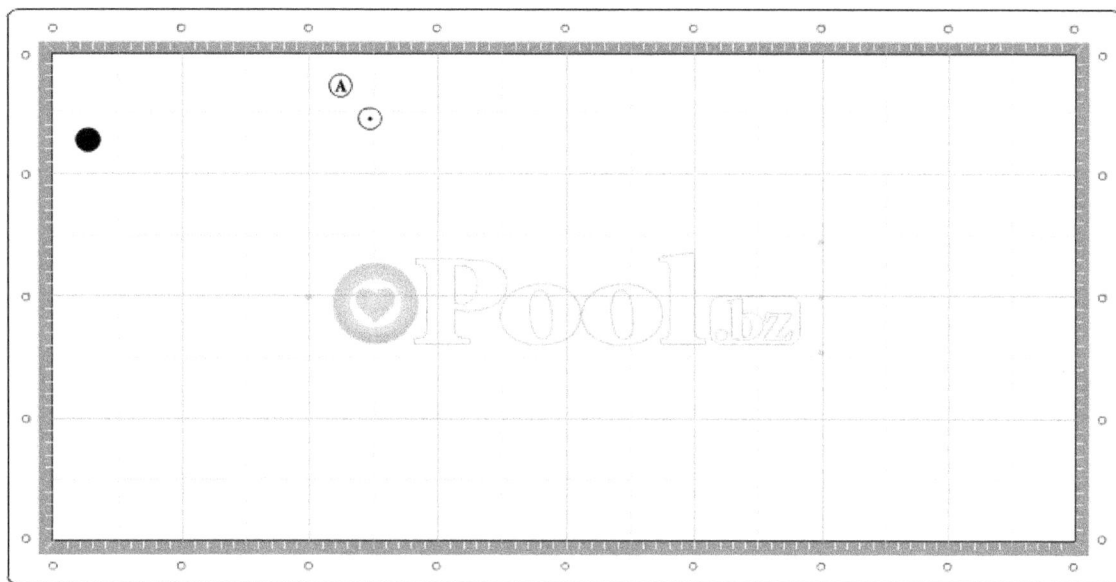

Opmerkingen en ideeën:

Schotpatroon

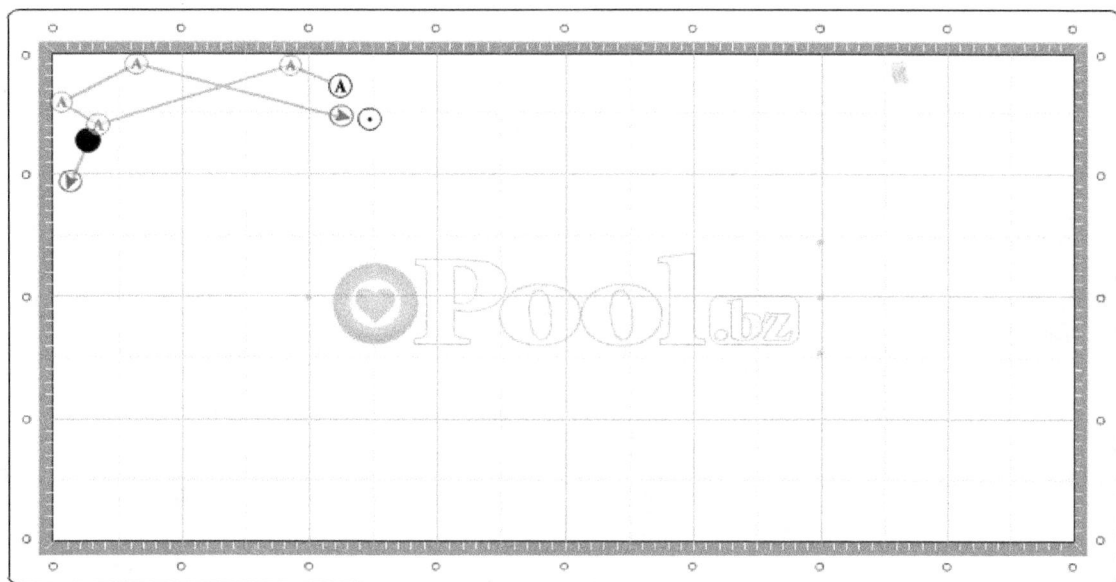

A:4b – Opstelling

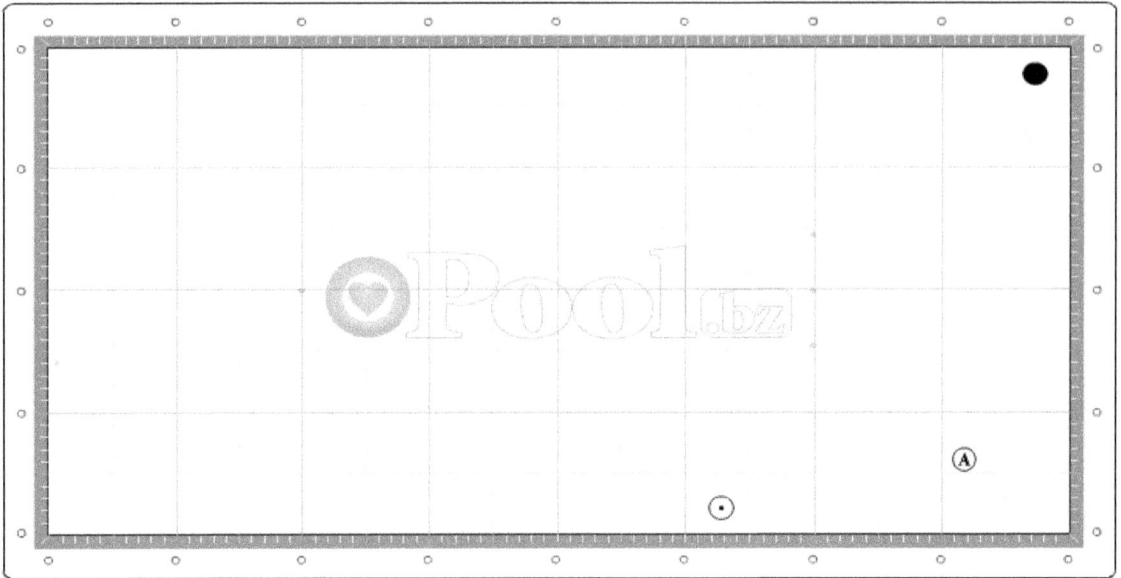

Opmerkingen en ideeën:

Schotpatroon

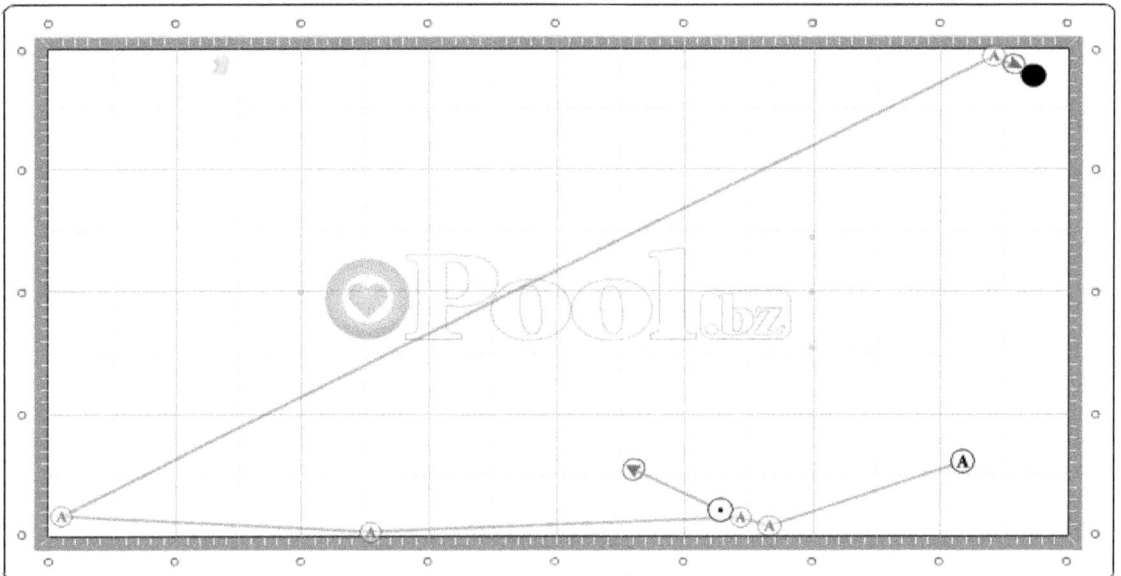

A:4c – Opstelling

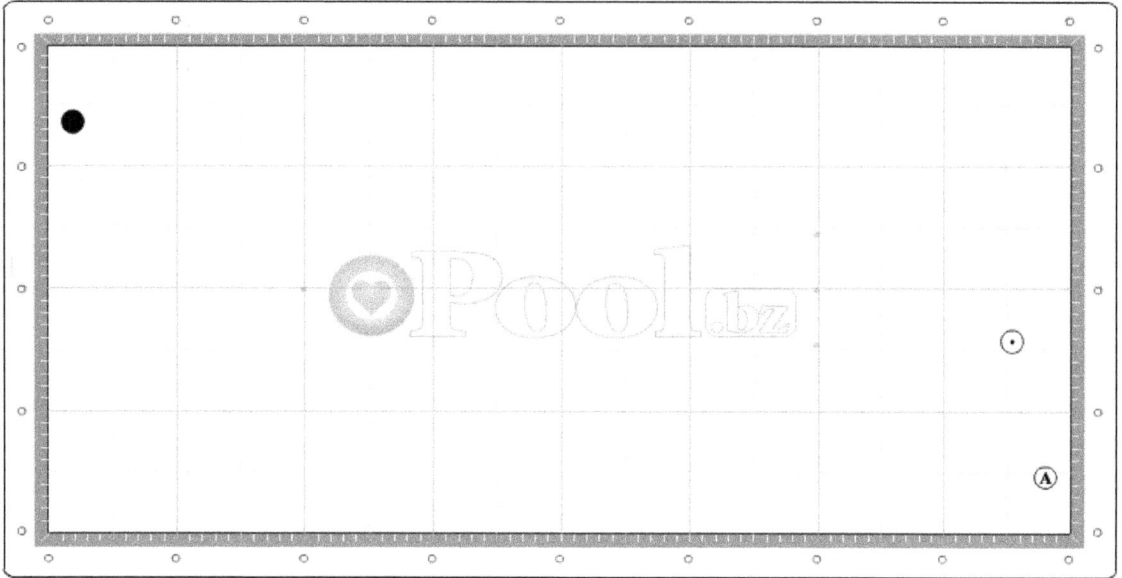

Opmerkingen en ideeën:

Schotpatroon

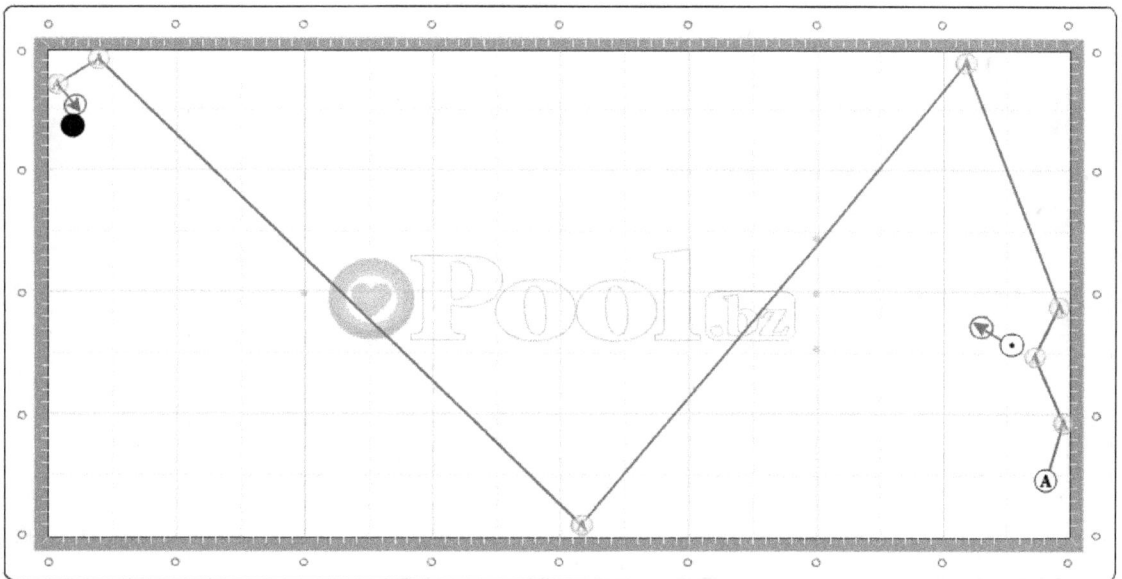

A:4d – Opstelling

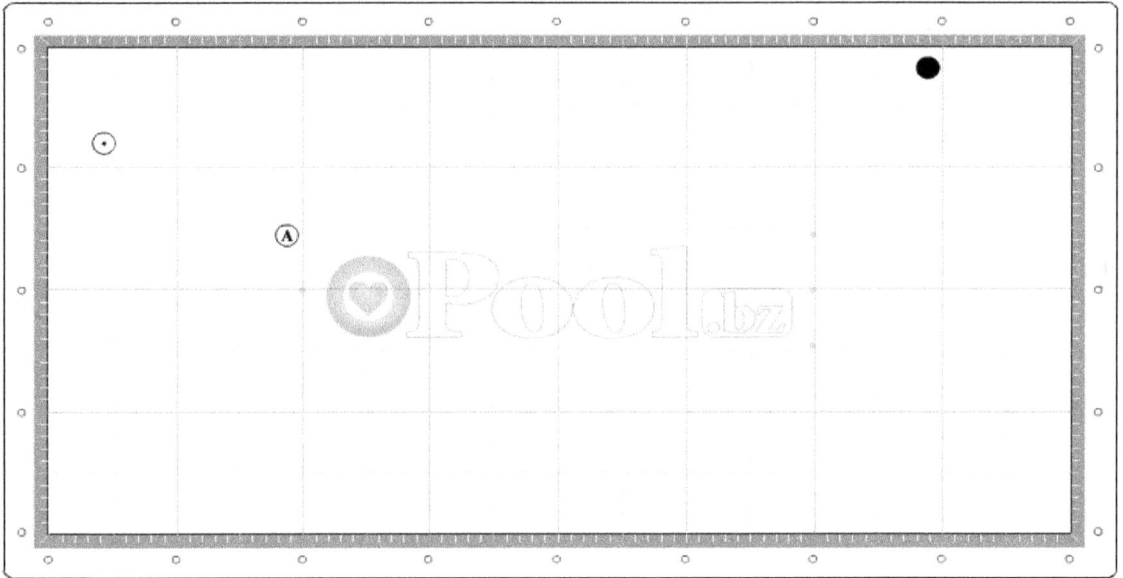

Opmerkingen en ideeën:

Schotpatroon

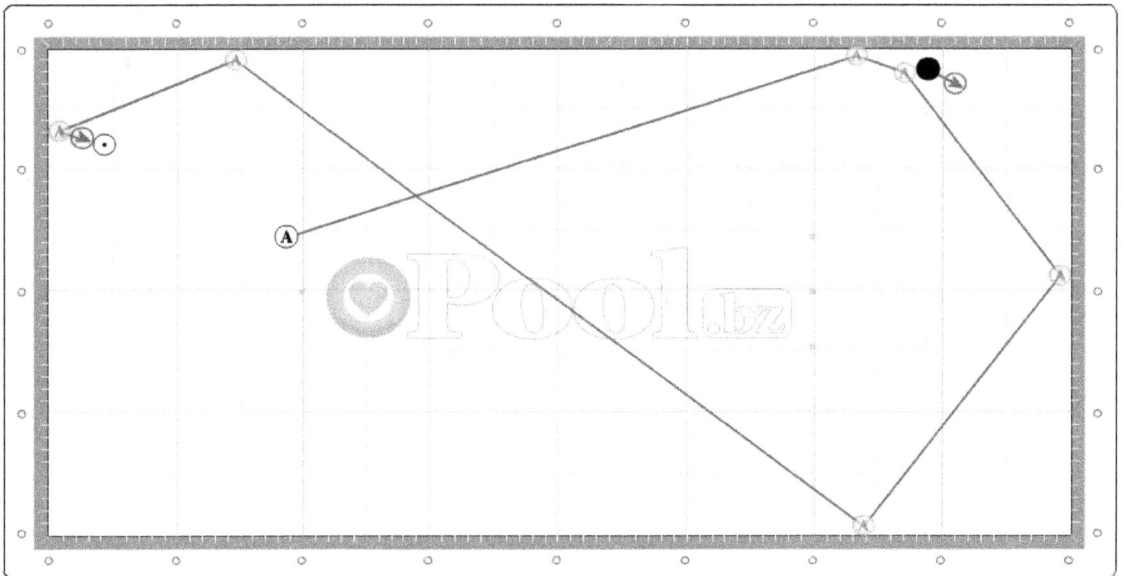

B: Op en neer de zijkant

De (CB) gebruikt side spin om alle biljartbanden contacten langs één biljartbanden te maken.

Ⓐ (CB) (uw biljartbal) – ☉ (OB) (tegenstander biljartbal) – ⬤ (OB) (rode biljartbal)

B: Groep 1

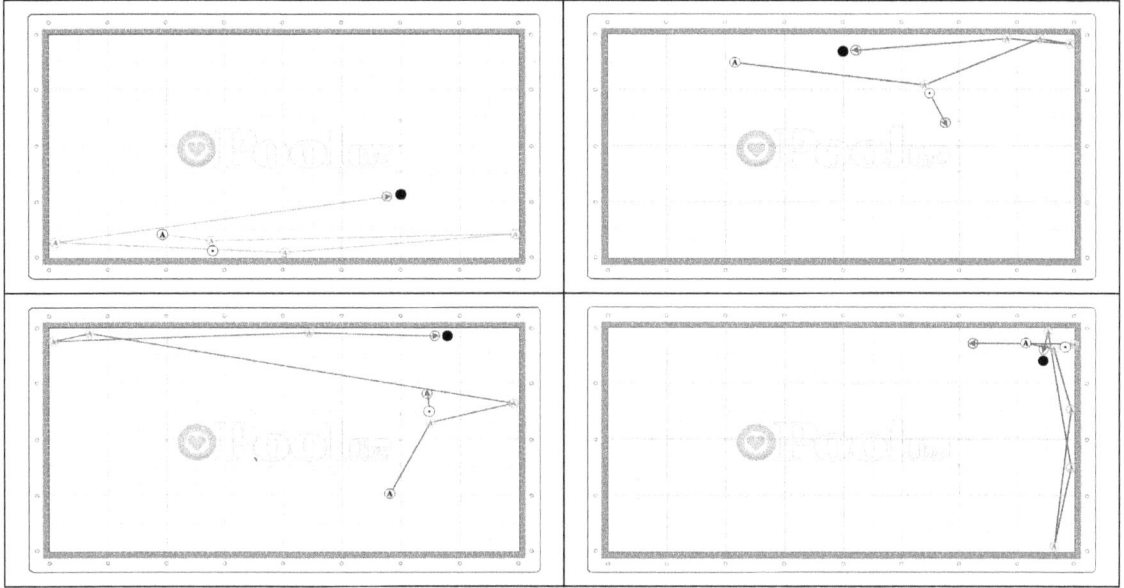

Analyse:

B:1a. _____

B:1b. _____

B:1c. _____

B:1d. _____

B:1a – Opstelling

Opmerkingen en ideeën:

Schotpatroon

B:1b – Opstelling

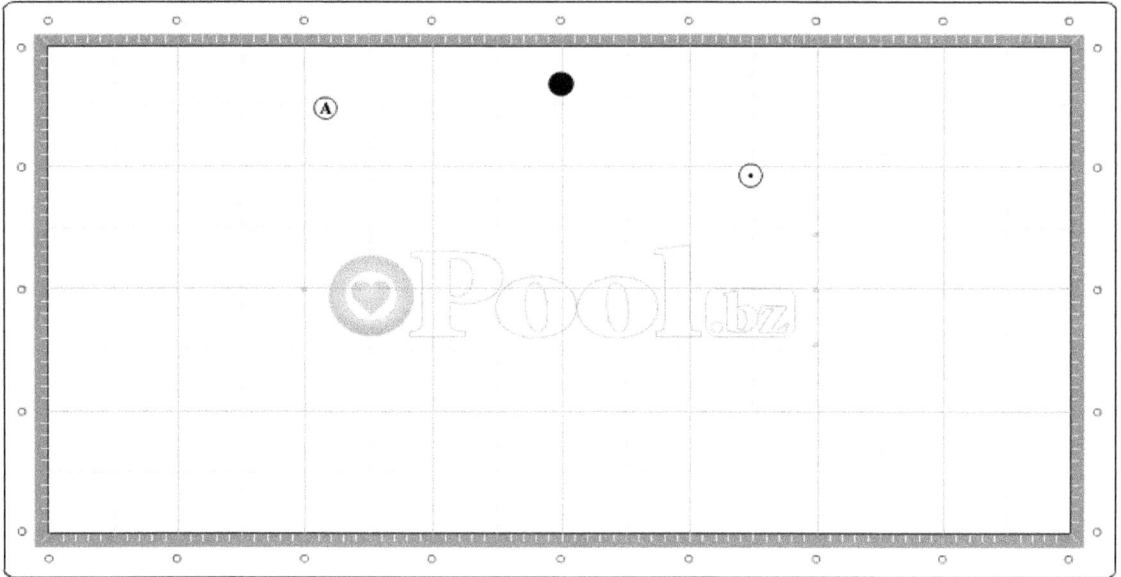

Opmerkingen en ideeën:

Schotpatroon

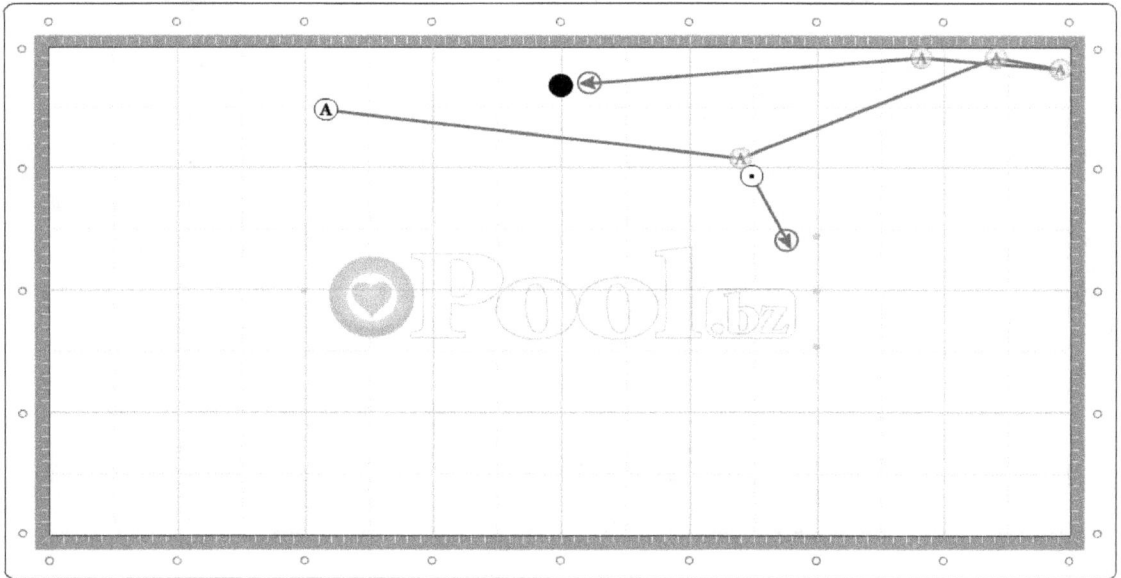

B:1c – Opstelling

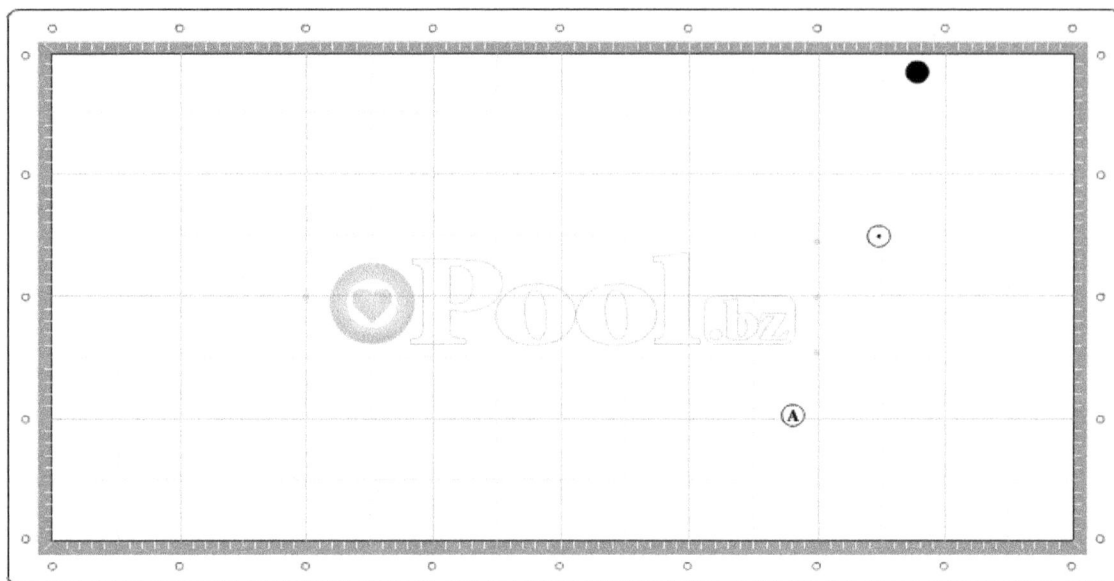

Opmerkingen en ideeën:

Schotpatroon

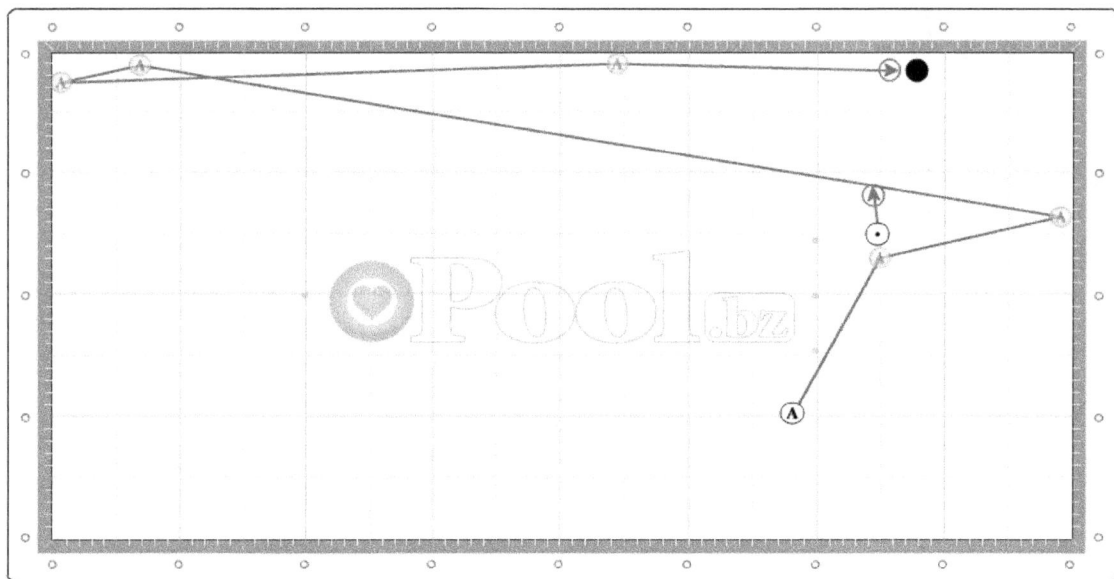

B:1d – Opstelling

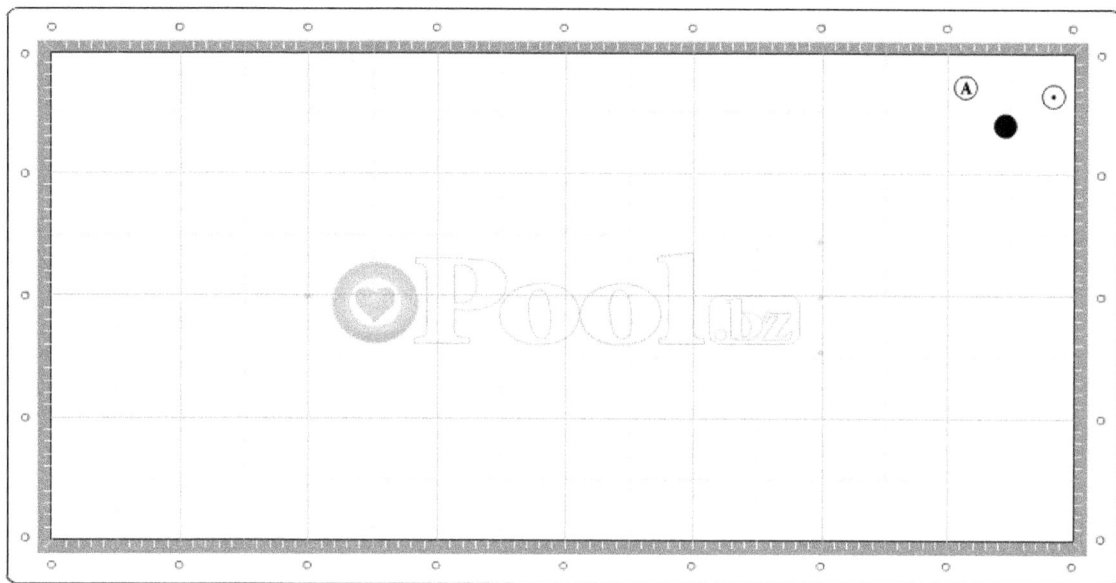

Opmerkingen en ideeën:

Schotpatroon

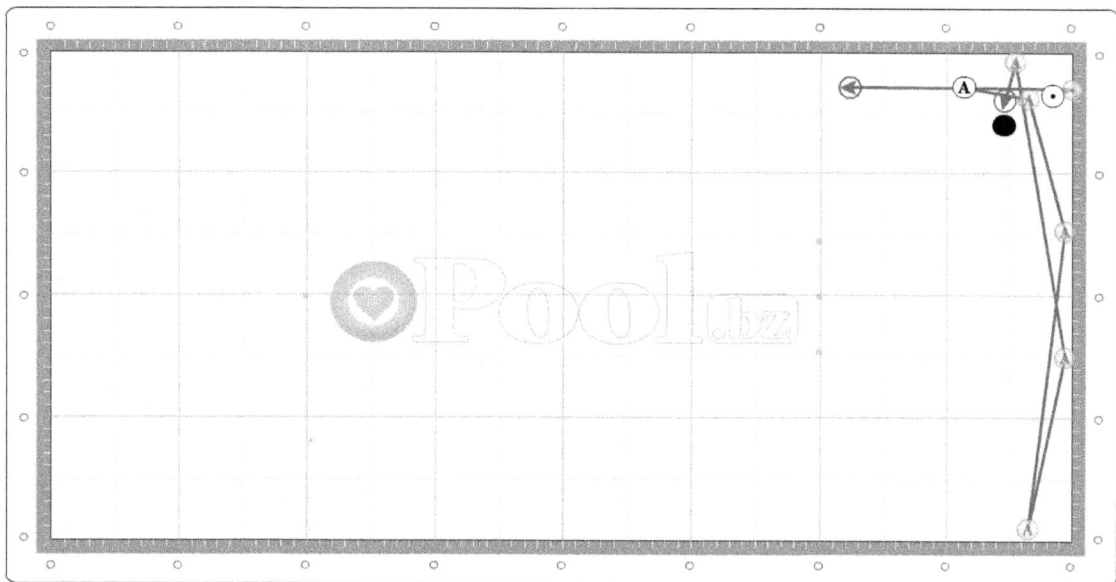

B: Groep 2

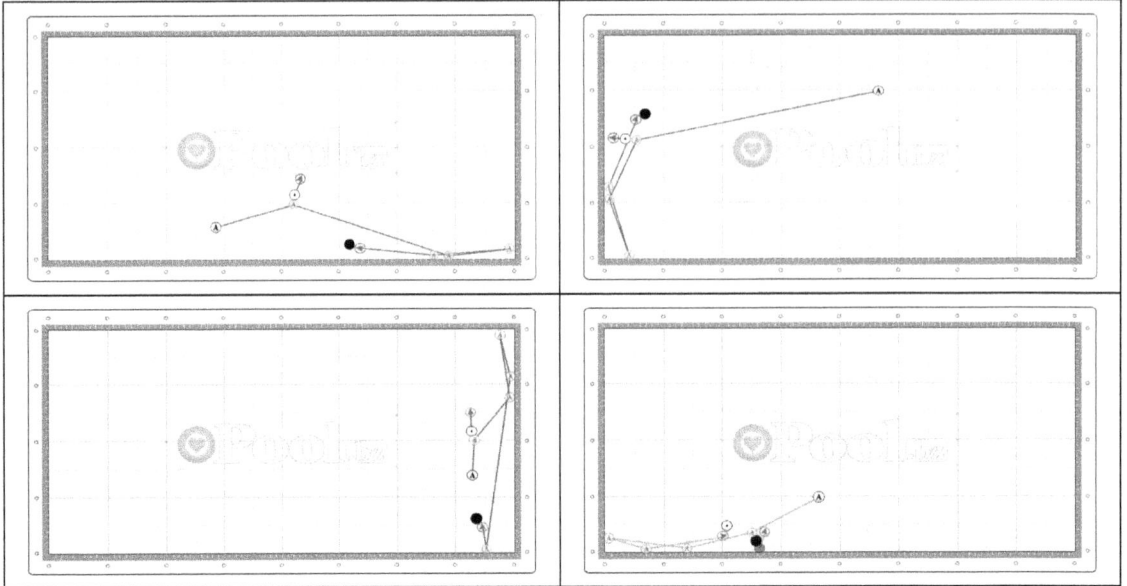

Analyse:

A:1a. _____

A:1b. _____

A:1c. _____

A:1d. _____

B:2a – Opstelling

Opmerkingen en ideeën:

Schotpatroon

B:2b – Opstelling

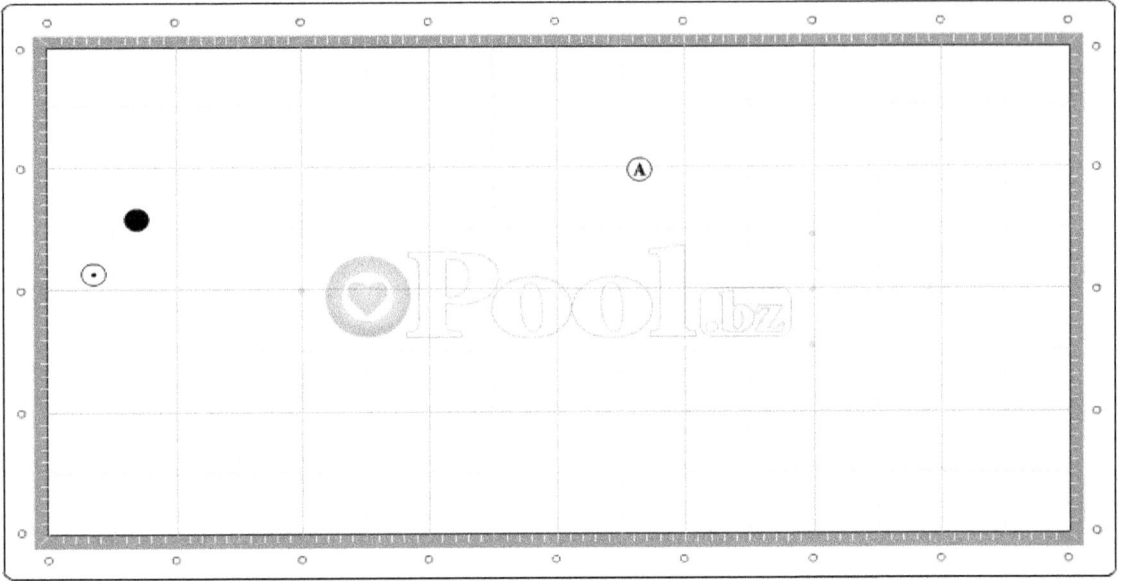

Opmerkingen en ideeën:

Schotpatroon

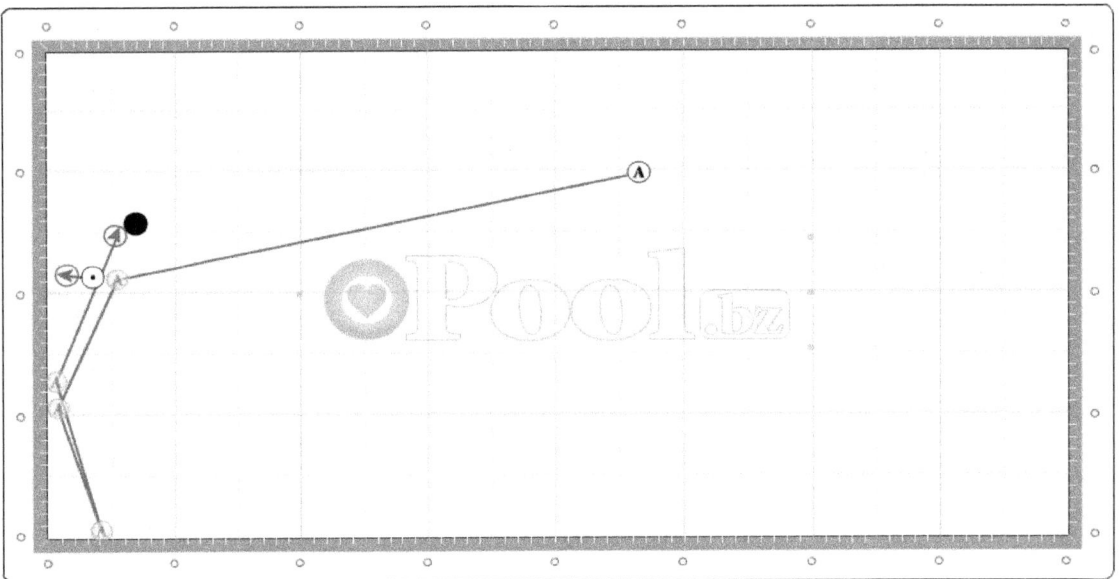

B:2c – Opstelling

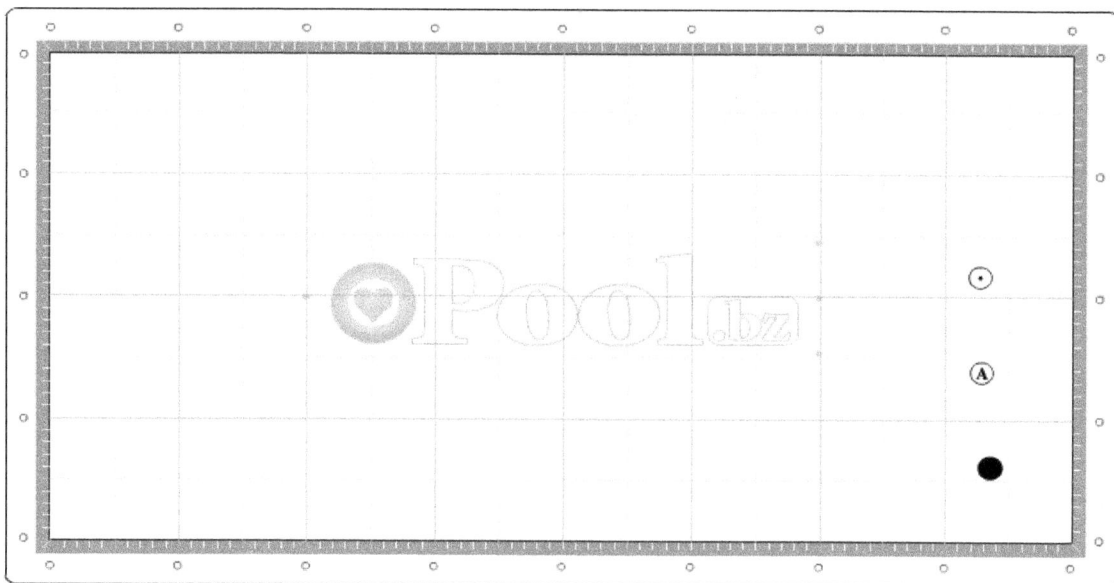

Opmerkingen en ideeën:

Schotpatroon

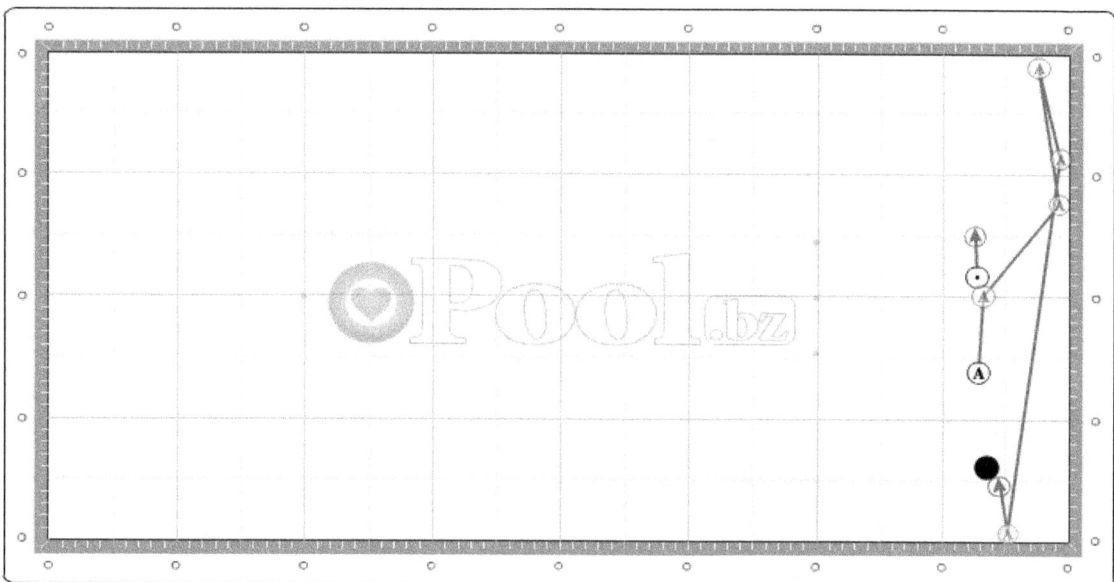

B:2d – Opstelling

Opmerkingen en ideeën:

Schotpatroon

B: Groep 3

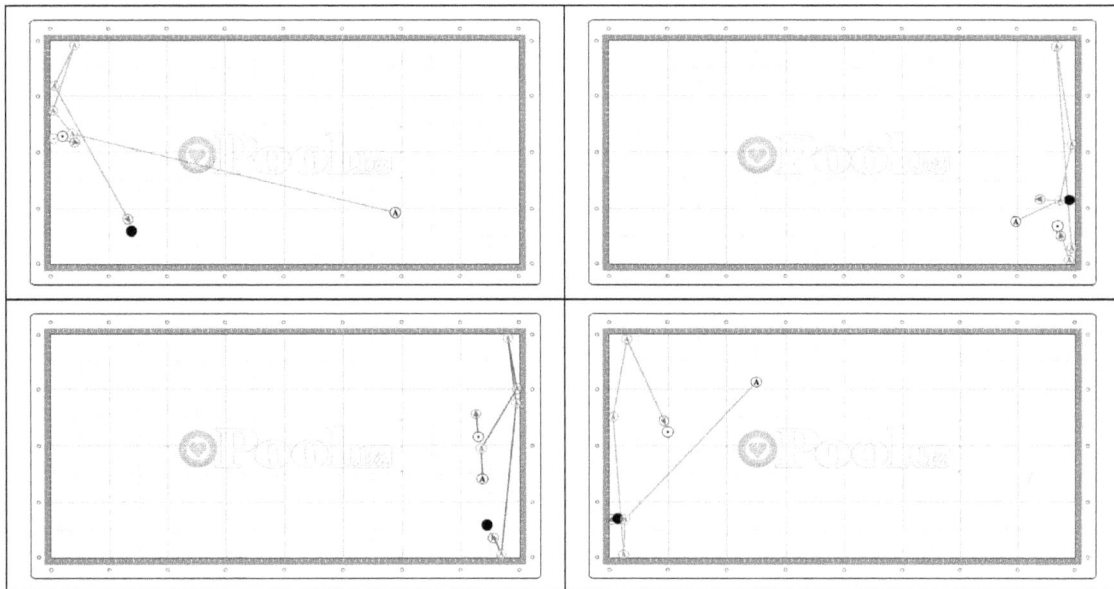

Analyse:

B:3a. _____

B:3b. _____

B:3c. _____

B:3d. _____

B:3a – Opstelling

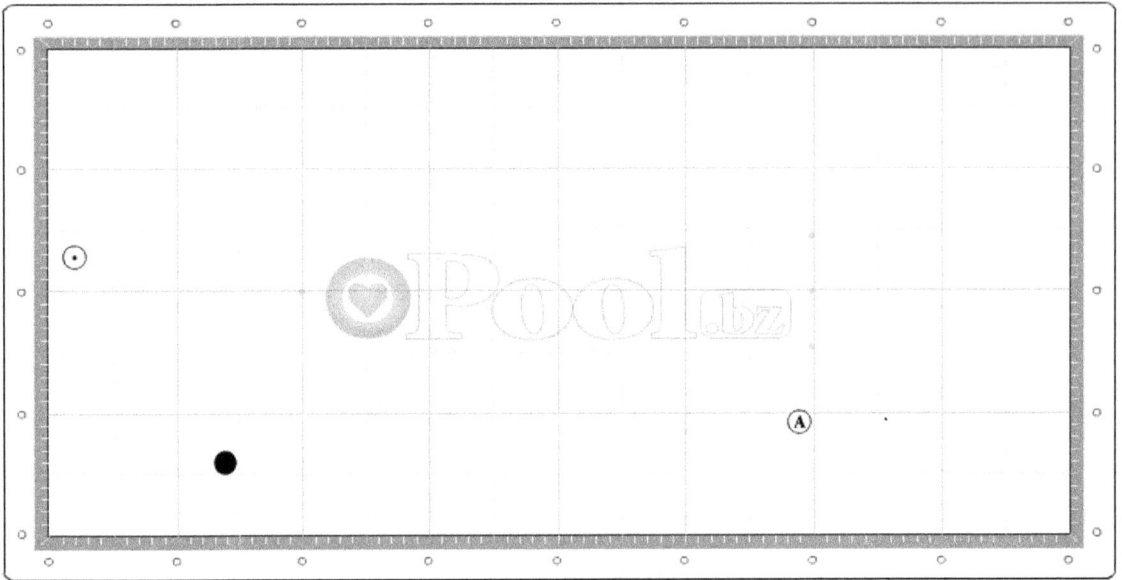

Opmerkingen en ideeën:

Schotpatroon

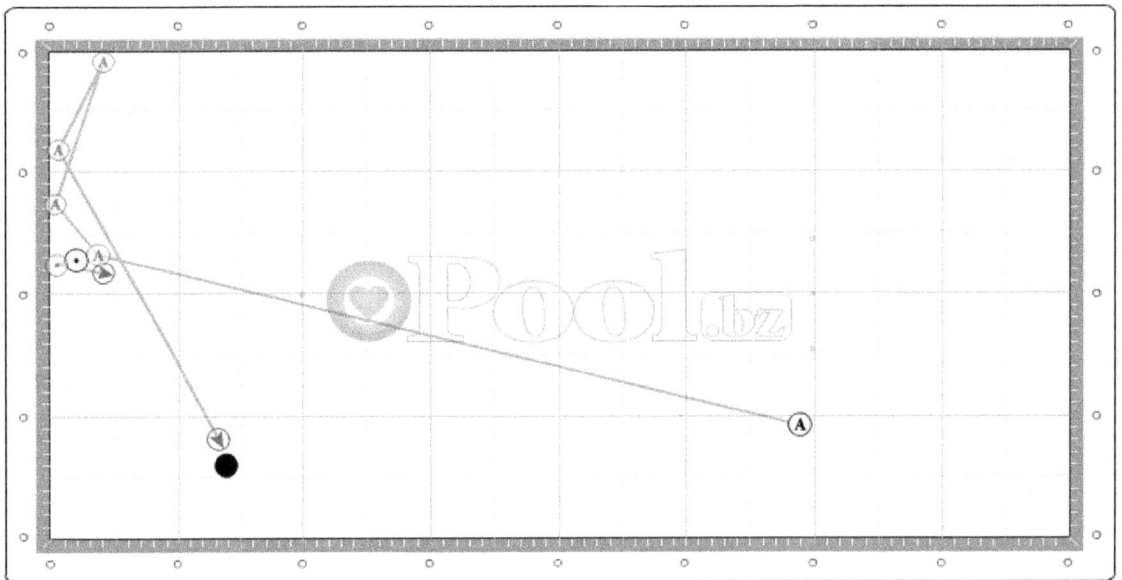

B:3b – Opstelling

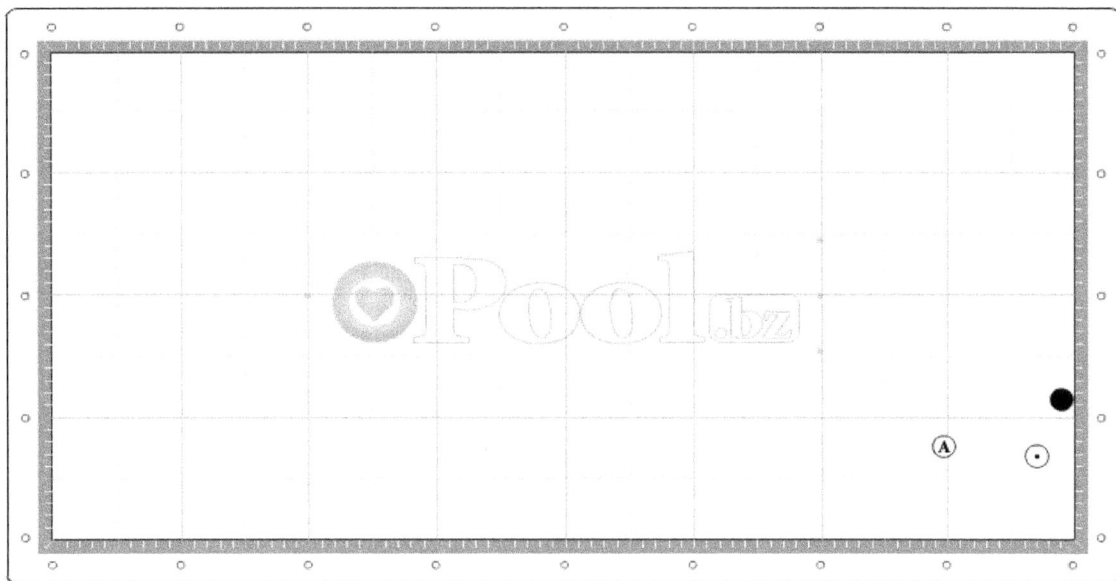

Opmerkingen en ideeën:

Schotpatroon

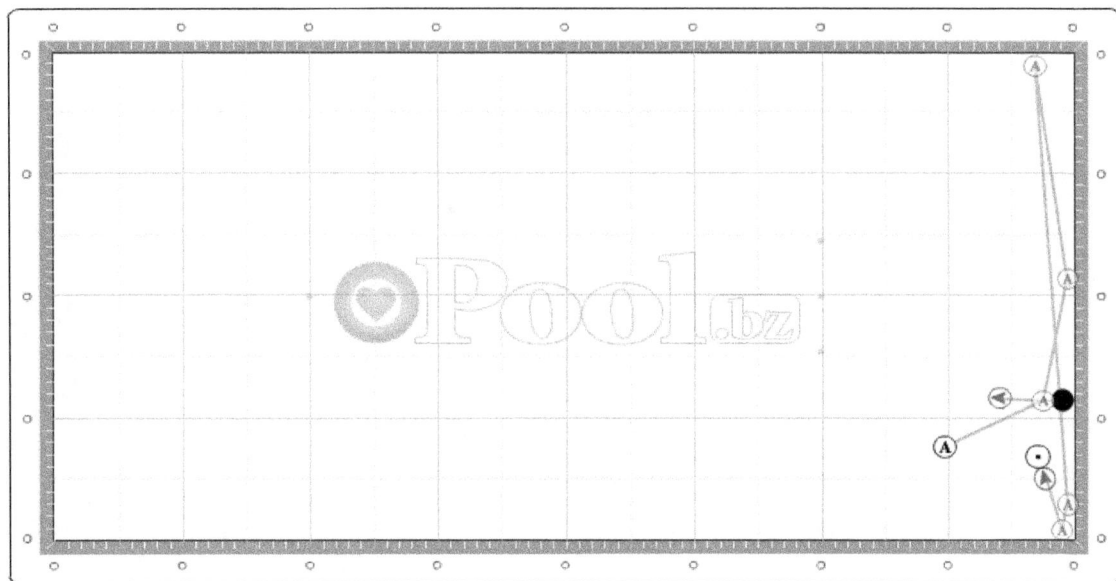

B:3c – Opstelling

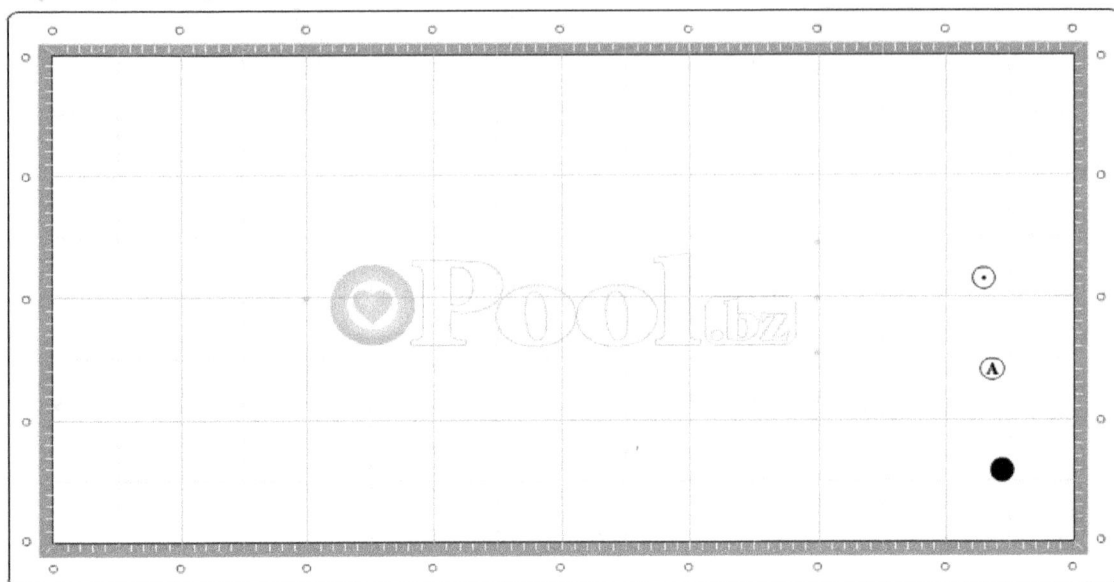

Opmerkingen en ideeën:

Schotpatroon

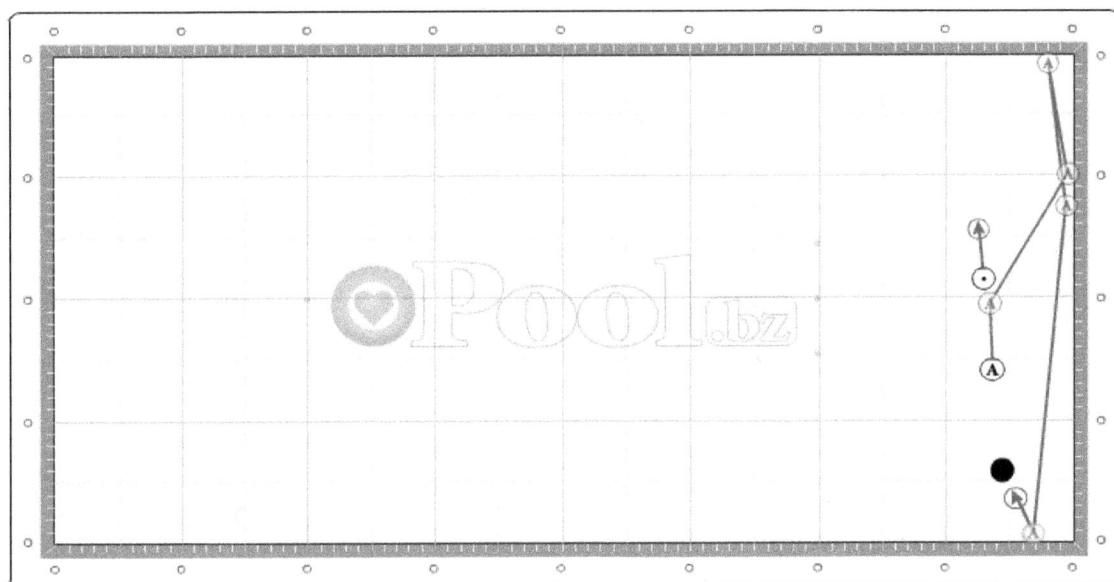

B:3d – Opstelling

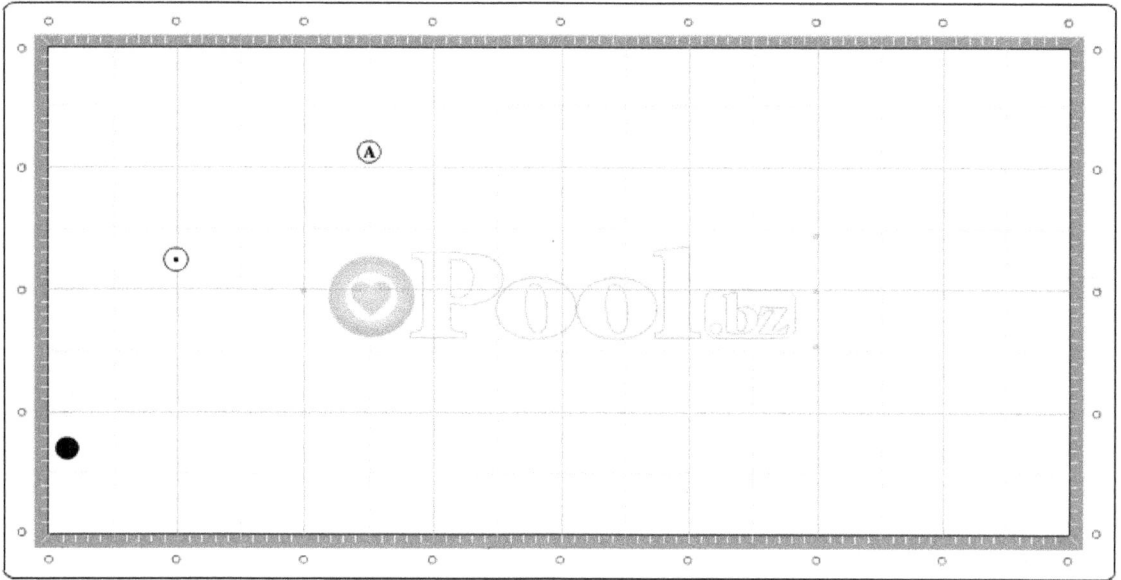

Opmerkingen en ideeën:

Schotpatroon

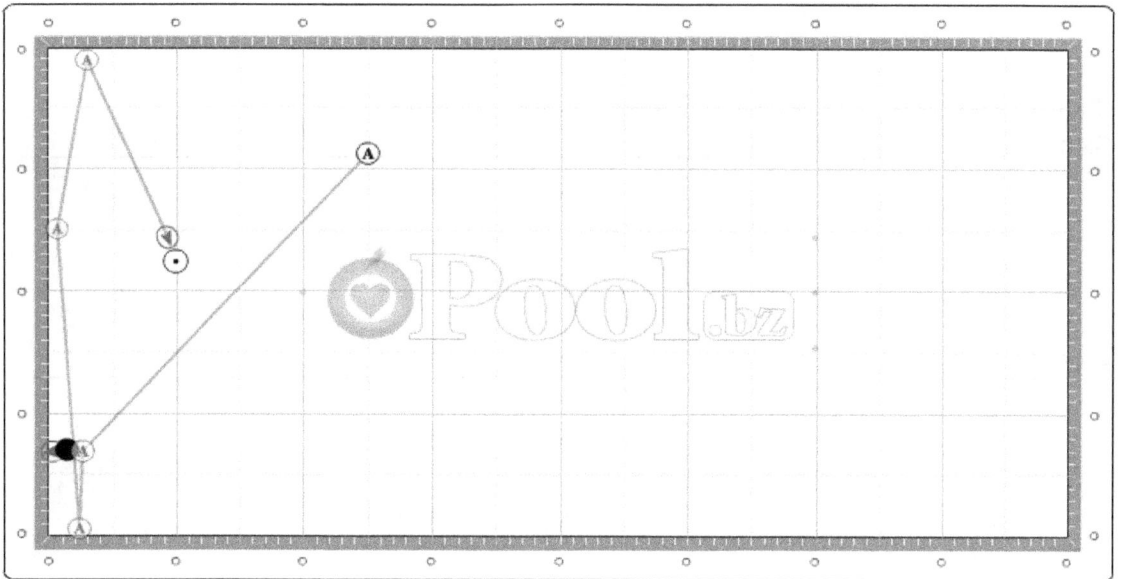

B: Groep 4

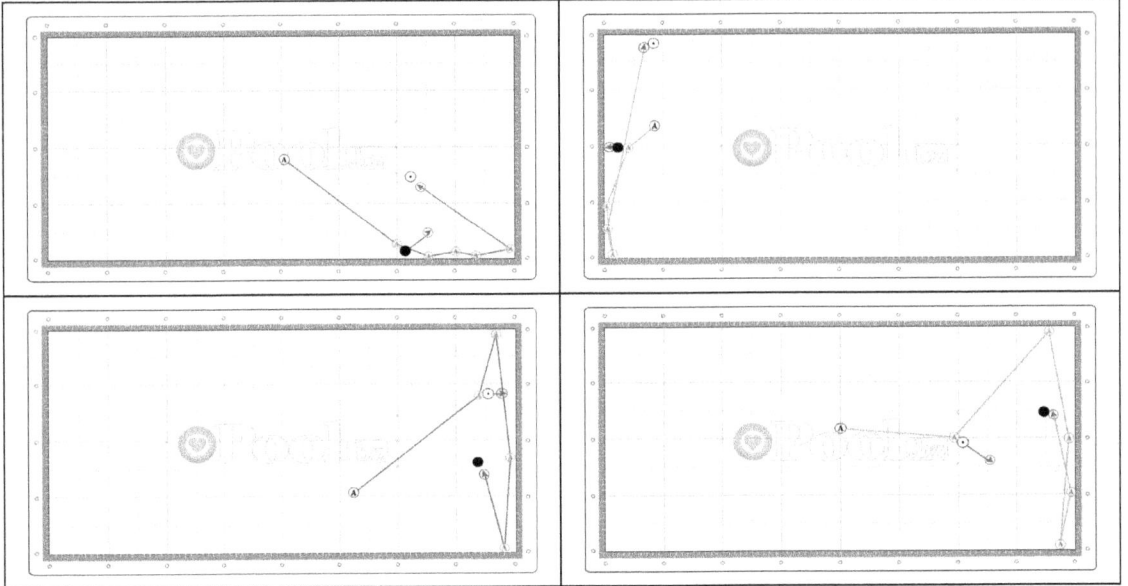

Analyse:

B:4a. _____

B:4b. _____

B:4c. _____

B:4d. _____

B:4a – Opstelling

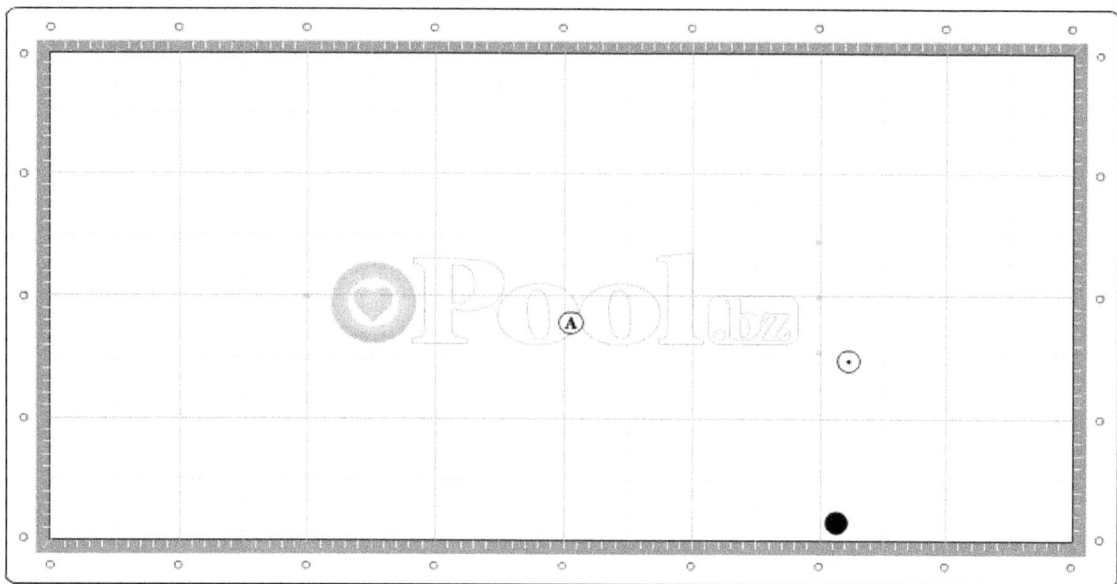

Opmerkingen en ideeën:

Schotpatroon

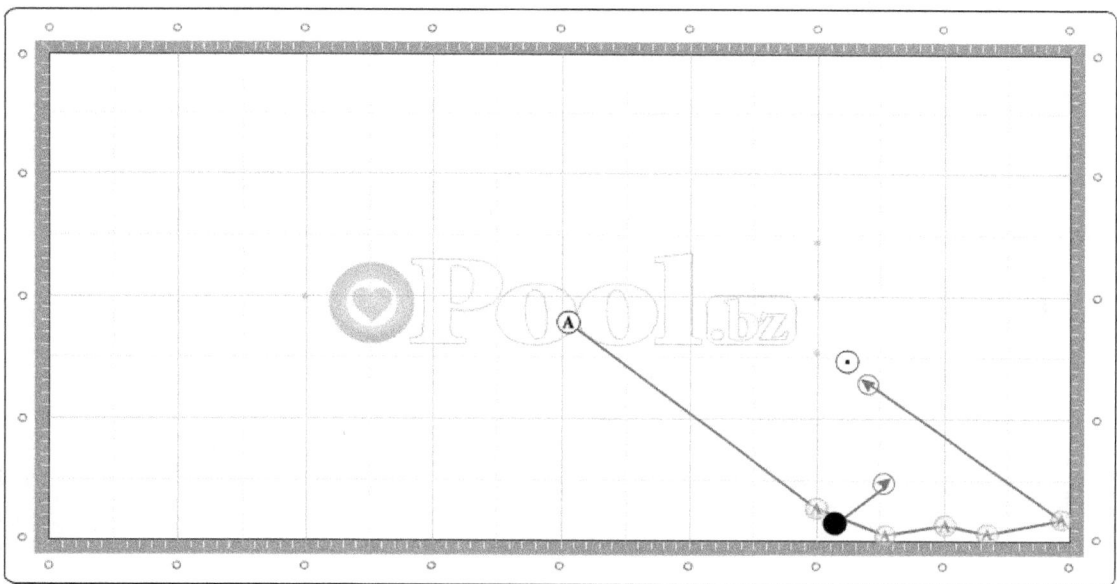

B:4b – Opstelling

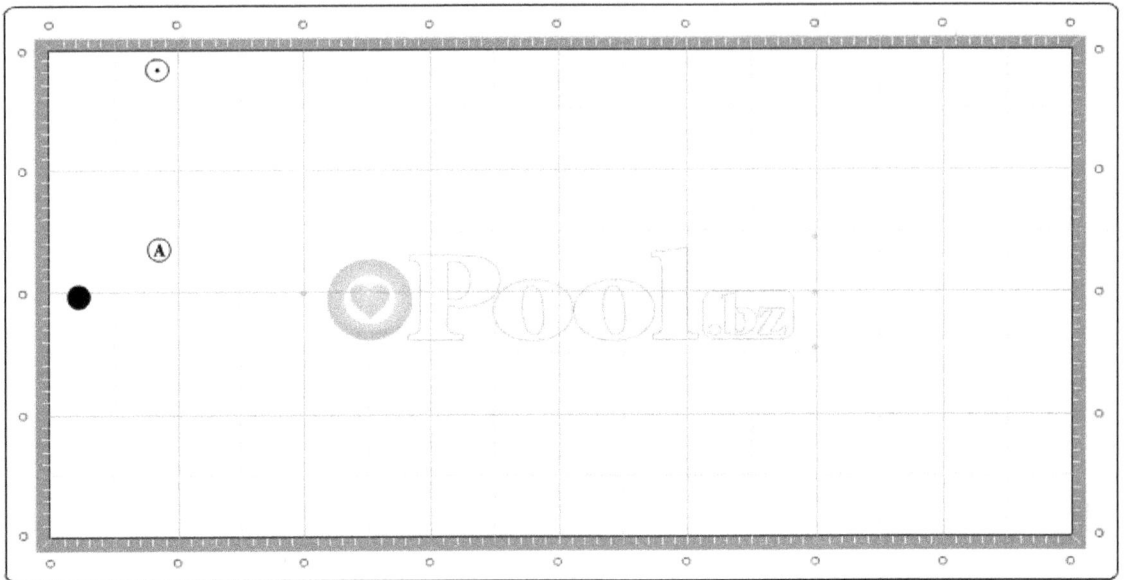

Opmerkingen en ideeën:

Schotpatroon

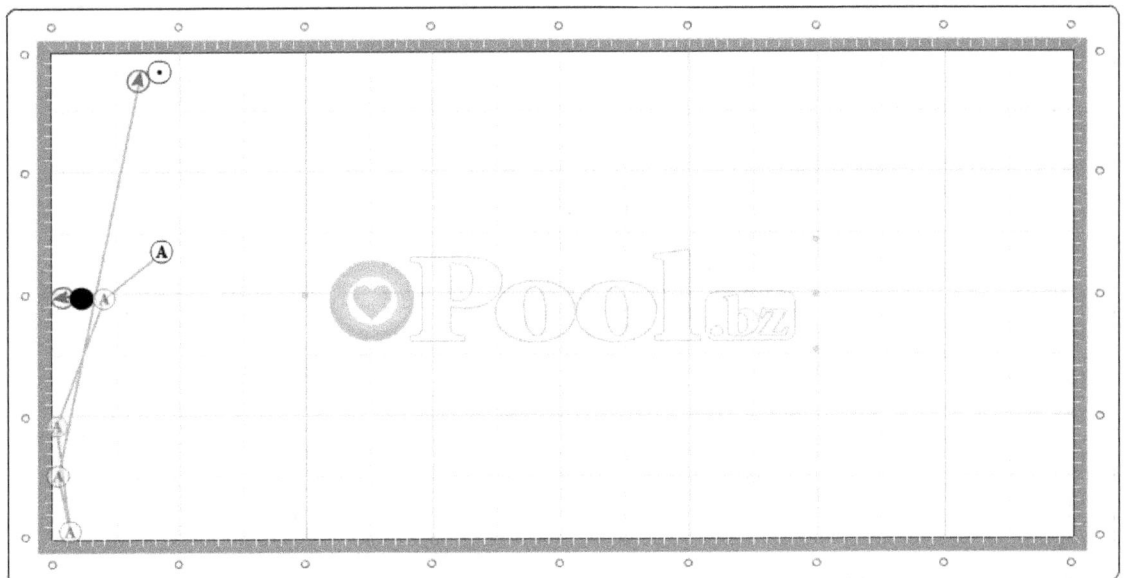

B:4c – Opstelling

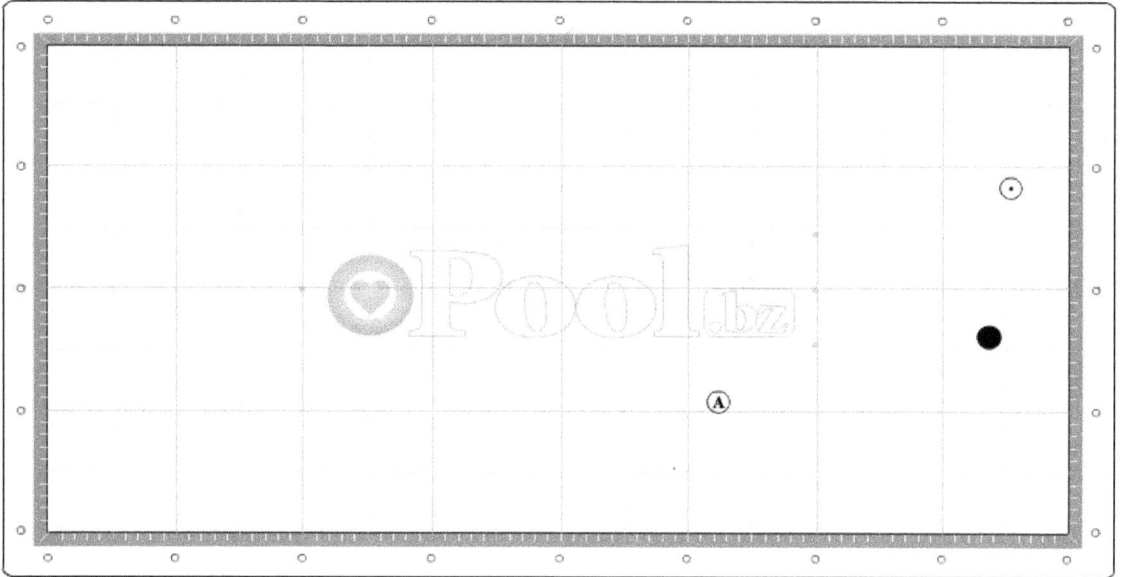

Opmerkingen en ideeën:

Schotpatroon

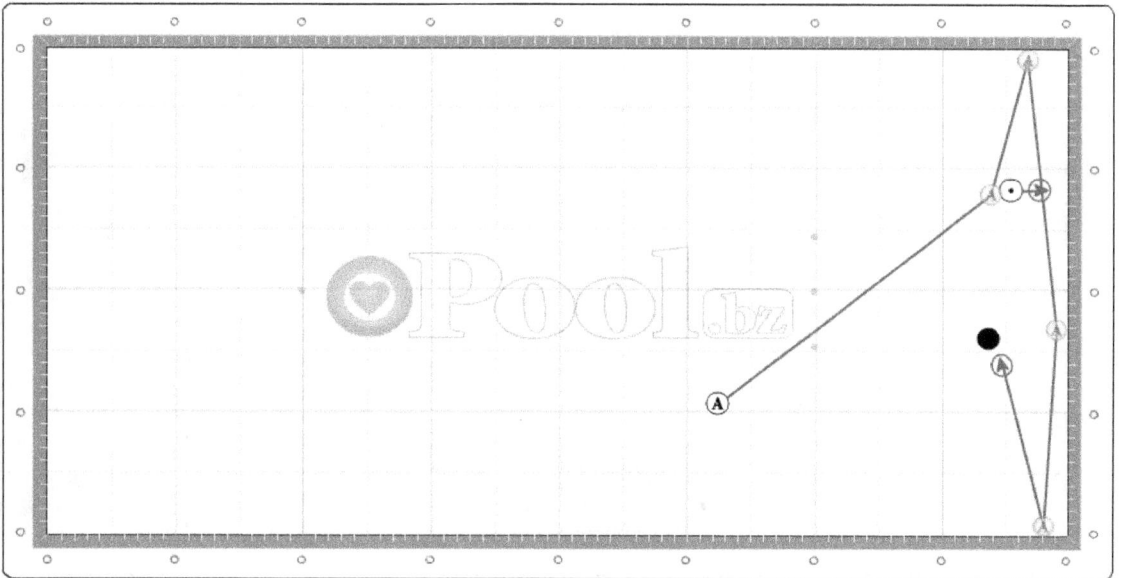

B:4d – Opstelling

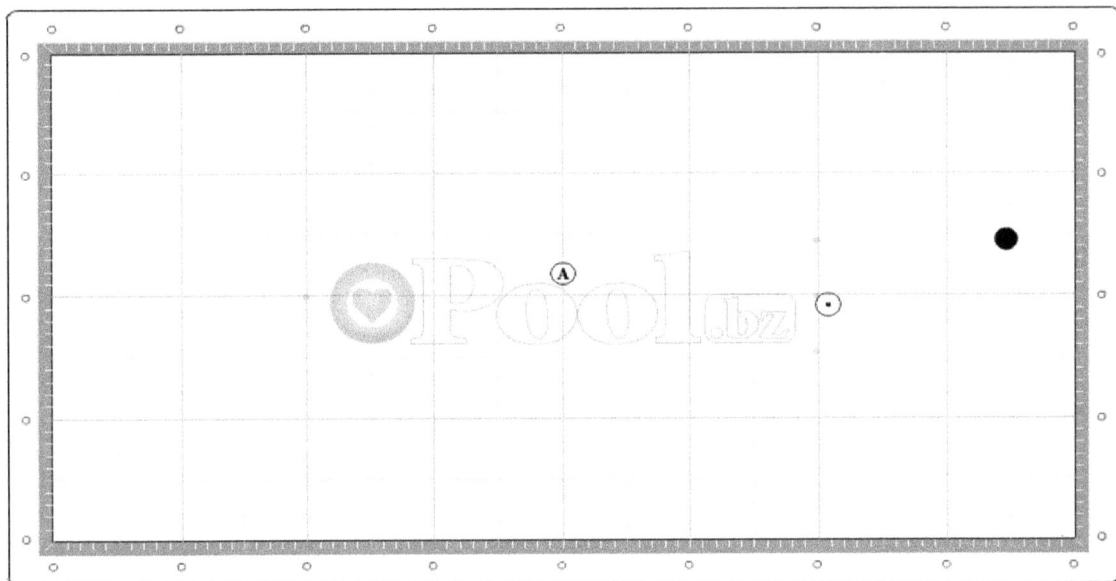

Opmerkingen en ideeën:

Schotpatroon

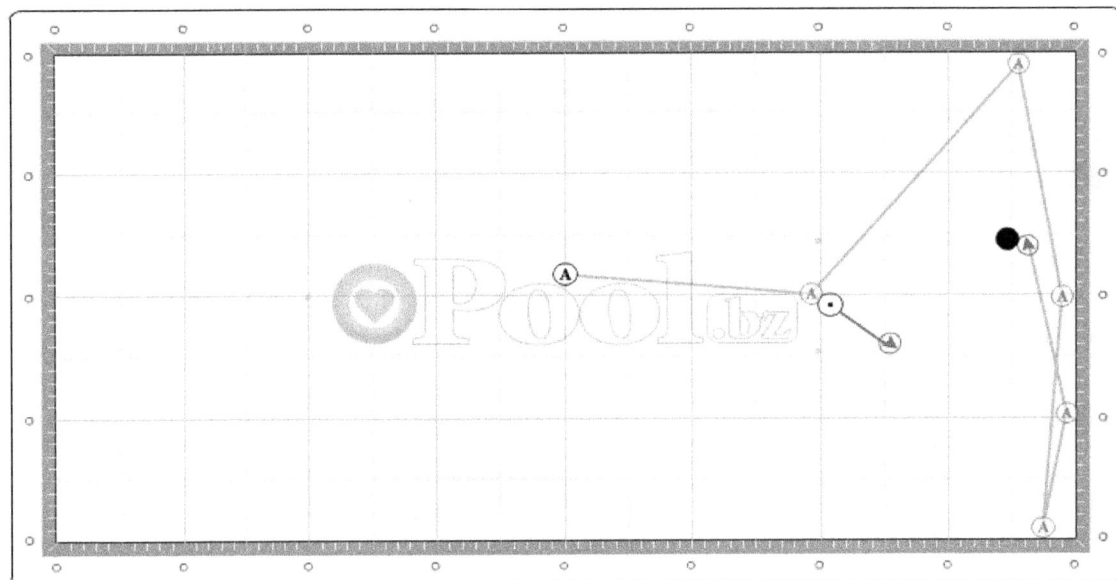

C: Ziggen en zaggen

De (CB) moet vaak heen en weer reizen, van links naar rechts. Dit zijn erg leuk om te experimenteren.

(A) (CB) (uw biljartbal) – (·) (OB) (tegenstander biljartbal) – ● (OB) (rode biljartbal)

C: Groep 1

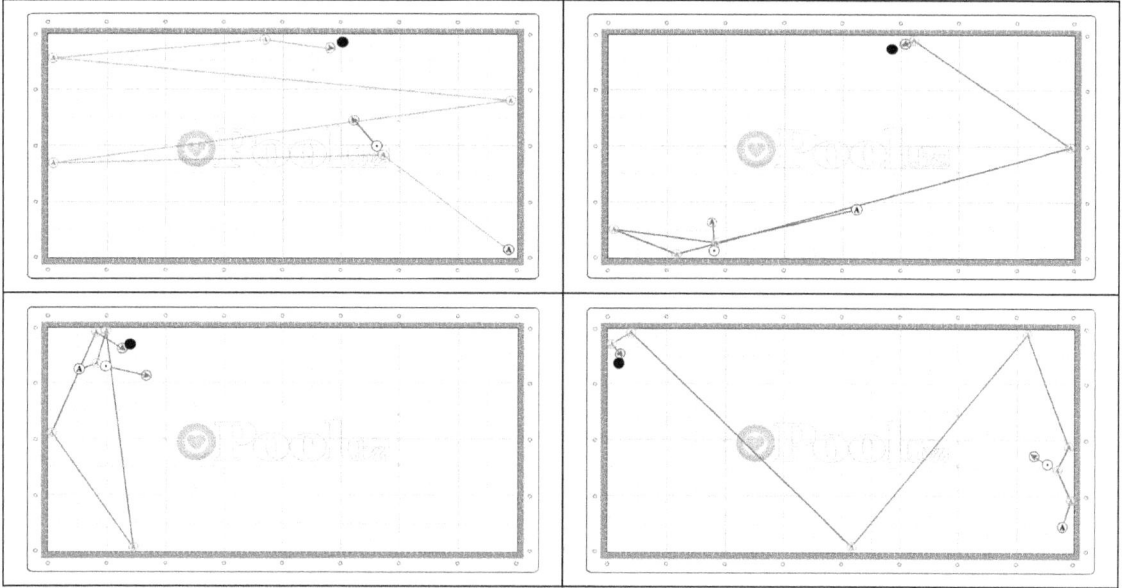

Analyse:

C:1a. _____

C:1b. _____

C:1c. _____

C:1d. _____

C:1a – Opstelling

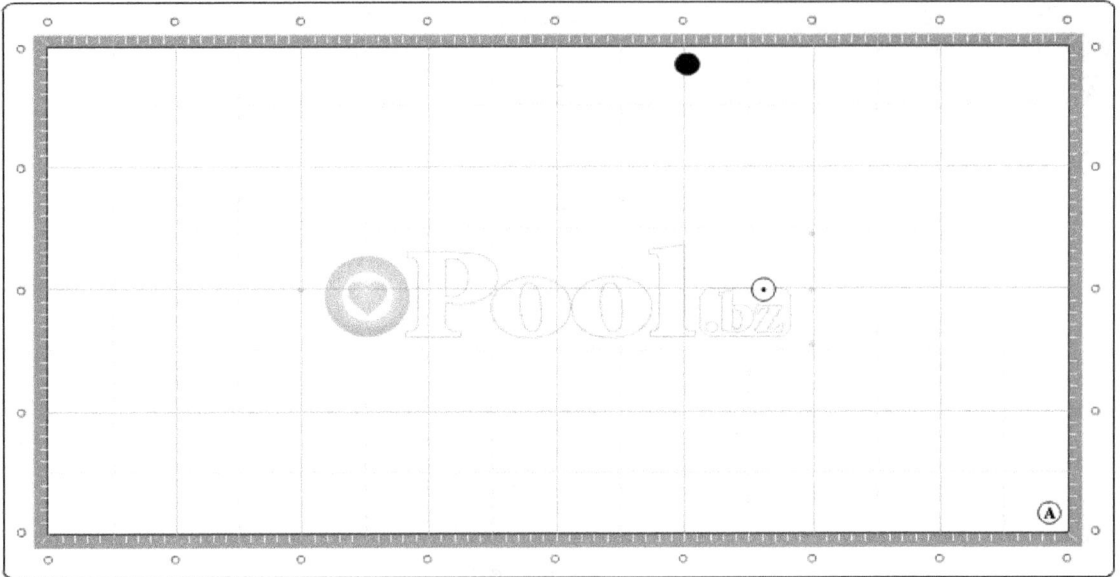

Opmerkingen en ideeën:

Schotpatroon

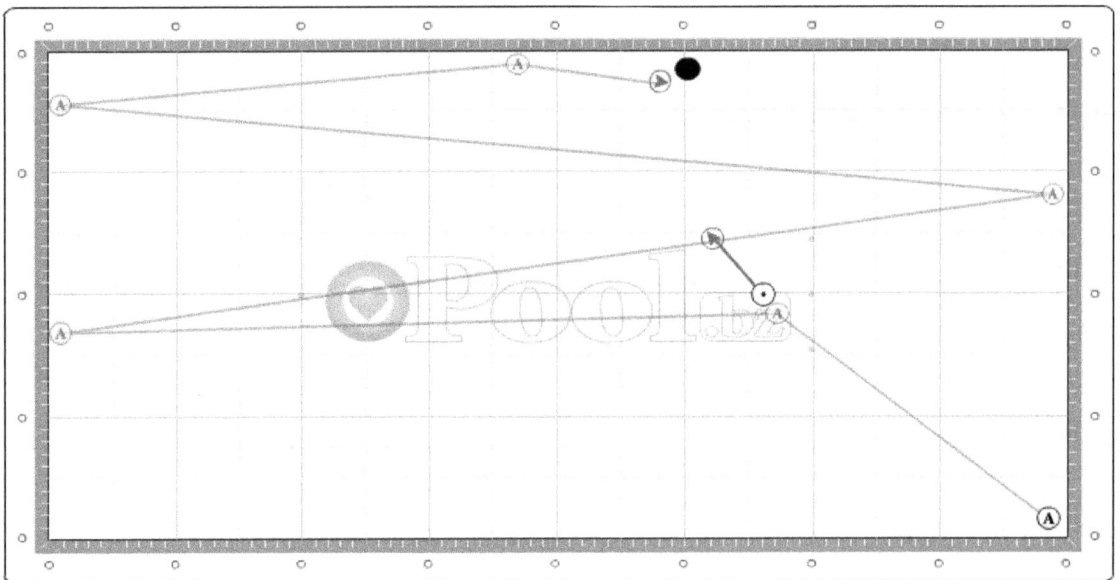

C:1b – Opstelling

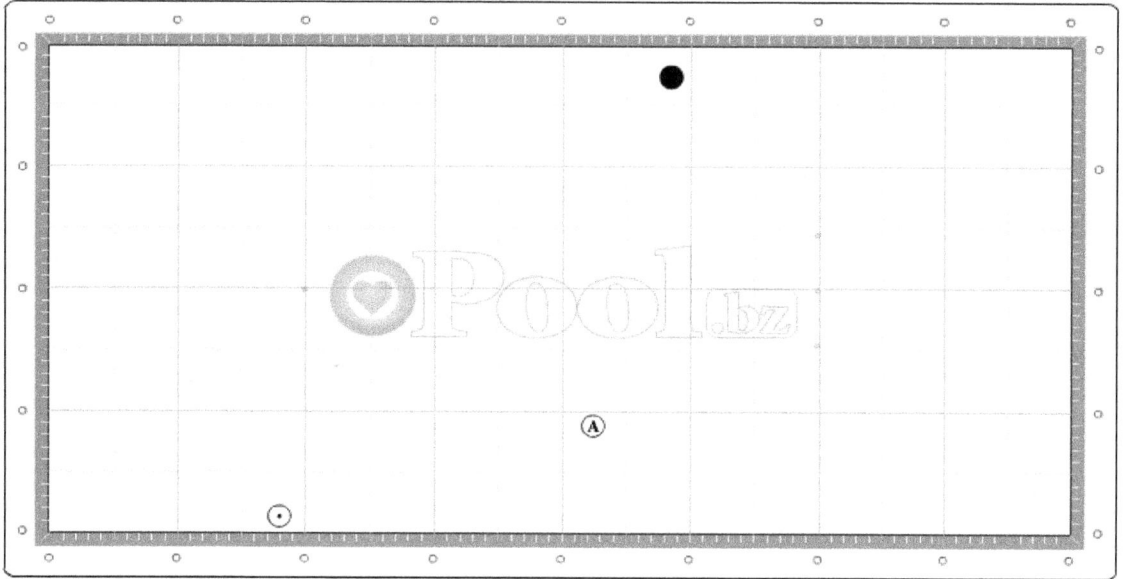

Opmerkingen en ideeën:

Schotpatroon

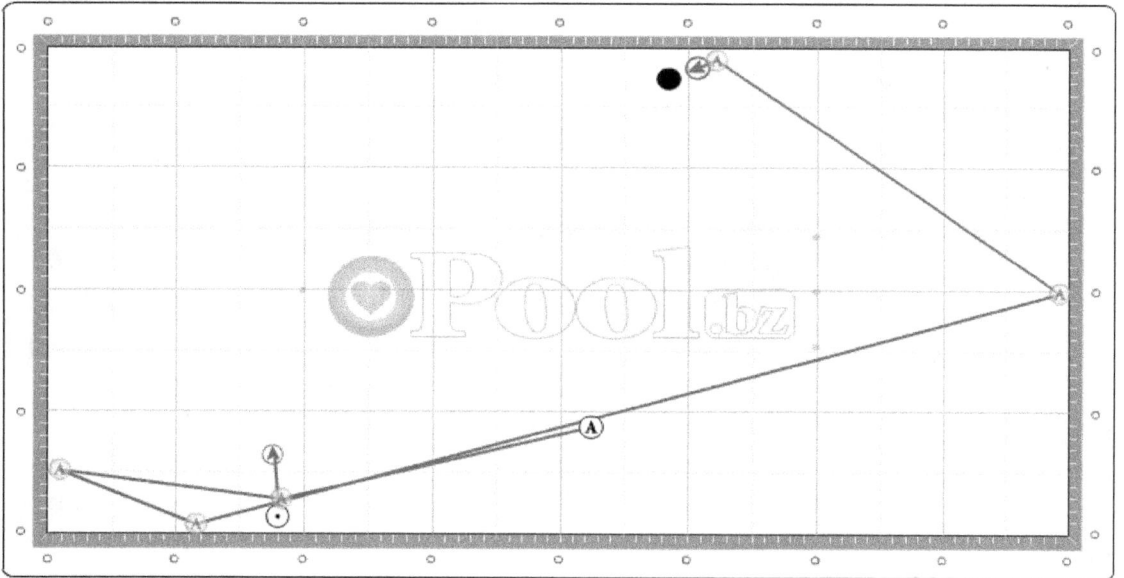

C:1c – Opstelling

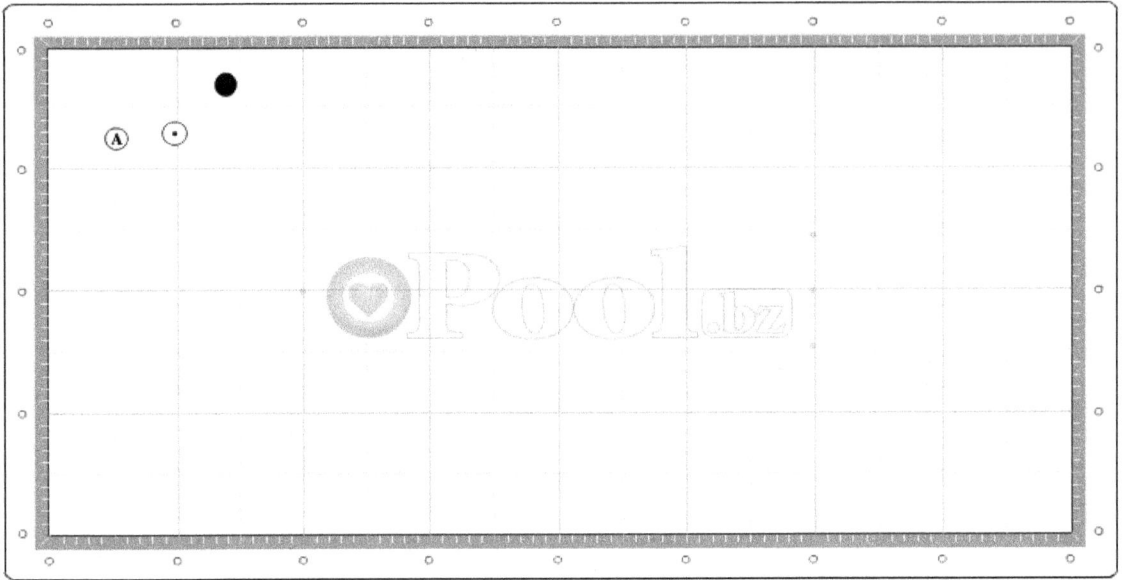

Opmerkingen en ideeën:

Schotpatroon

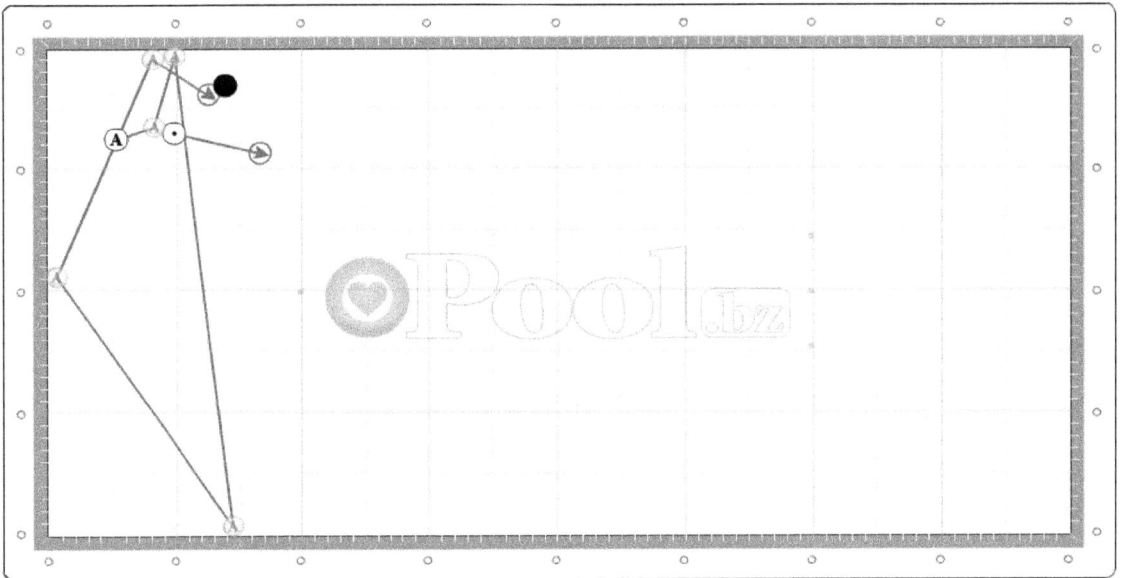

C:1d – Opstelling

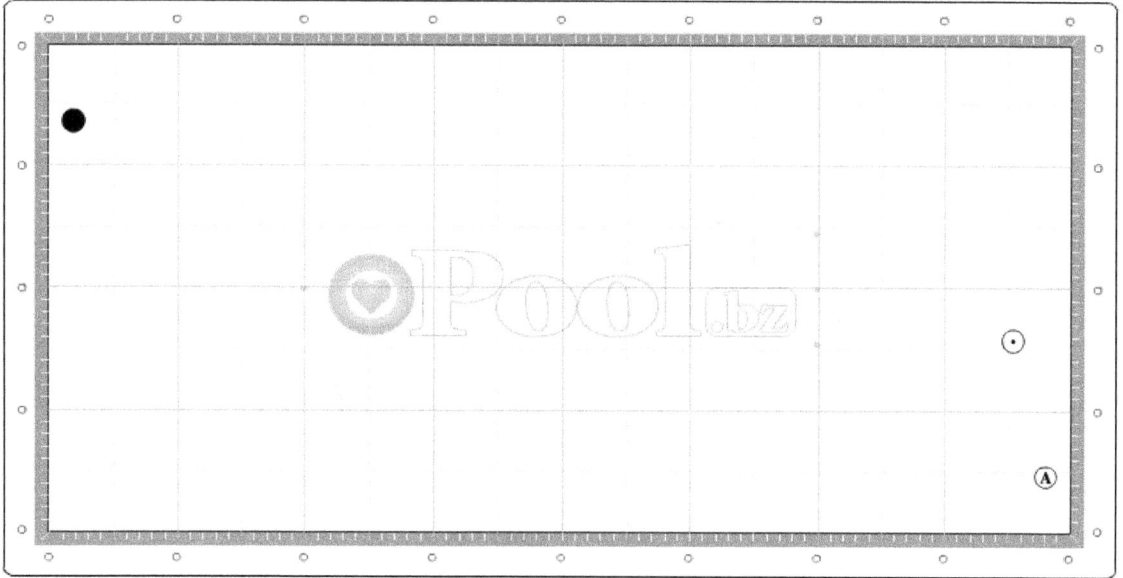

Opmerkingen en ideeën:

Schotpatroon

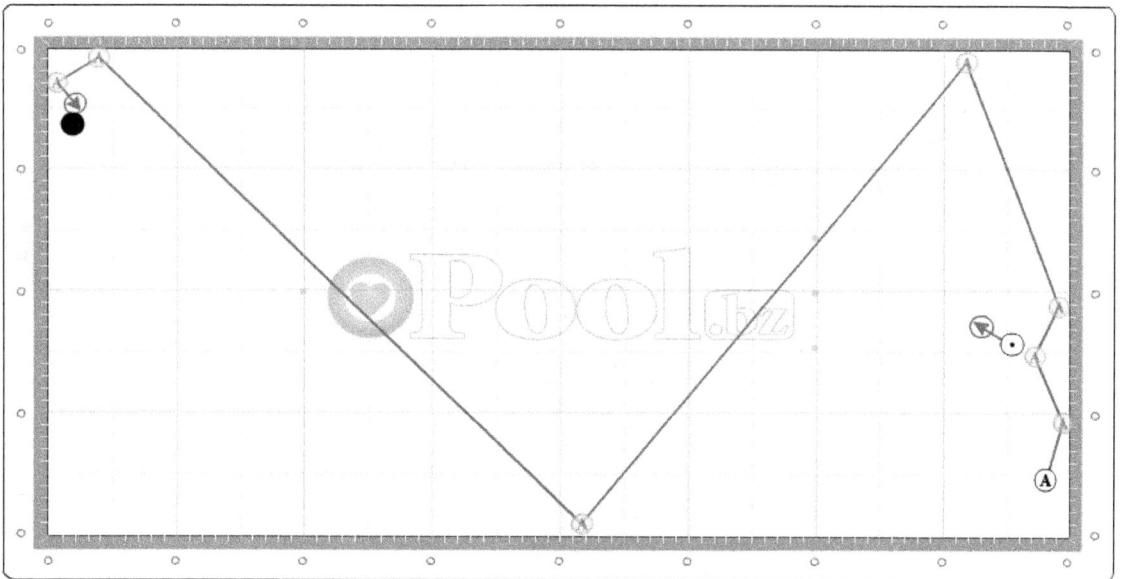

C: Groep 2

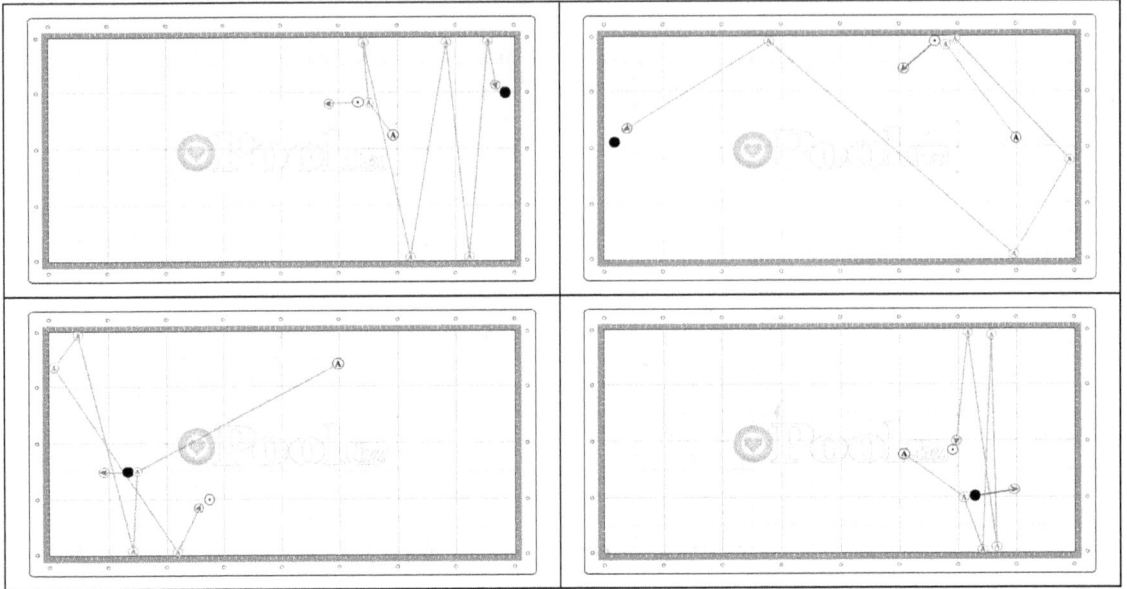

Analyse:

C:2a. _____

C:2b. _____

C:2c. _____

C:2d. _____

C:2a – Opstelling

Opmerkingen en ideeën:

Schotpatroon

C:2b – Opstelling

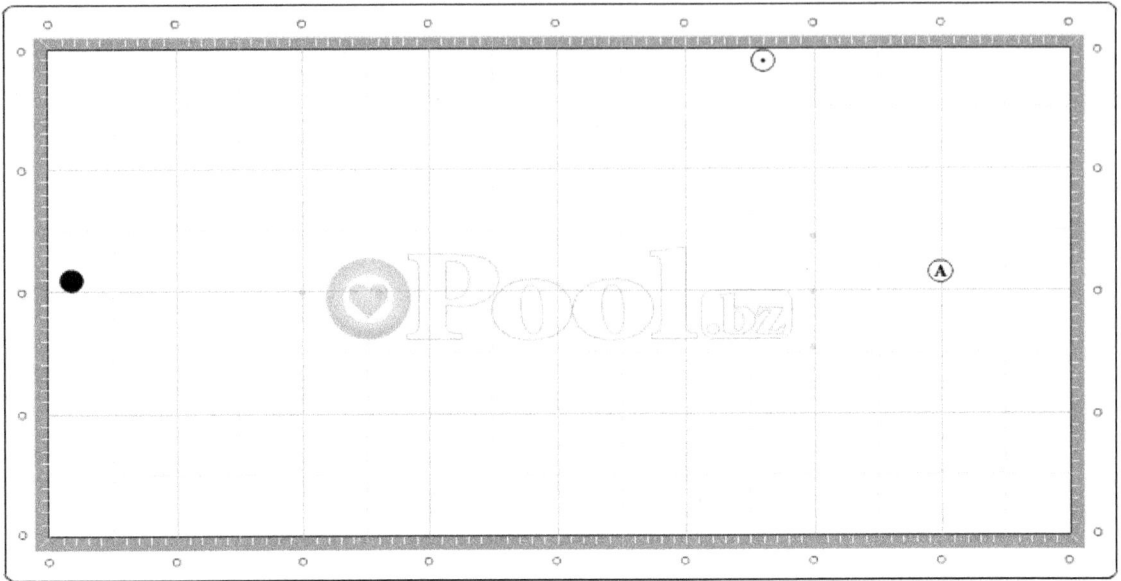

Opmerkingen en ideeën:

Schotpatroon

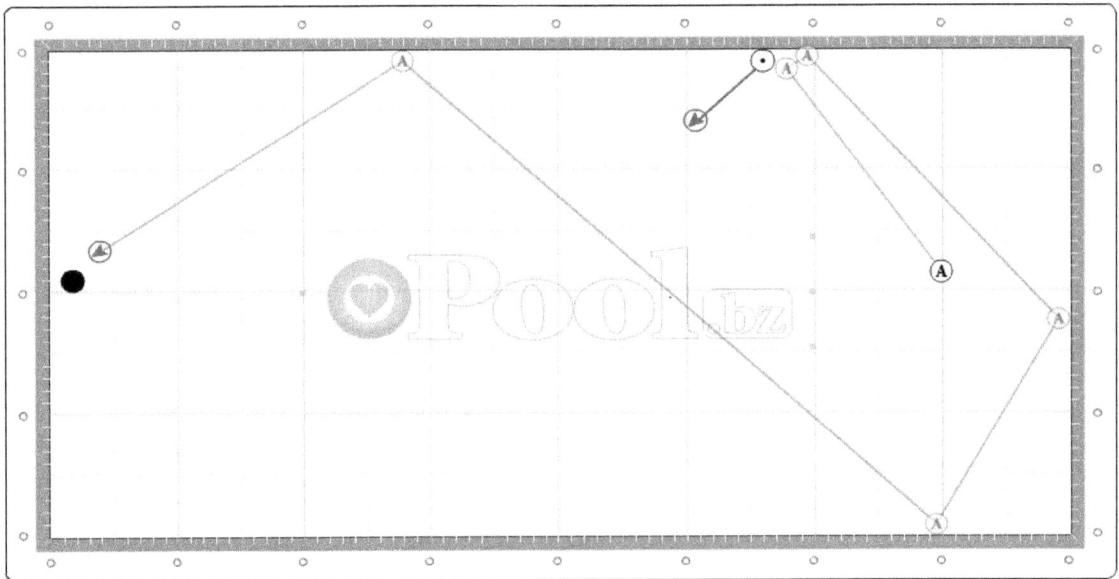

C:2c – Opstelling

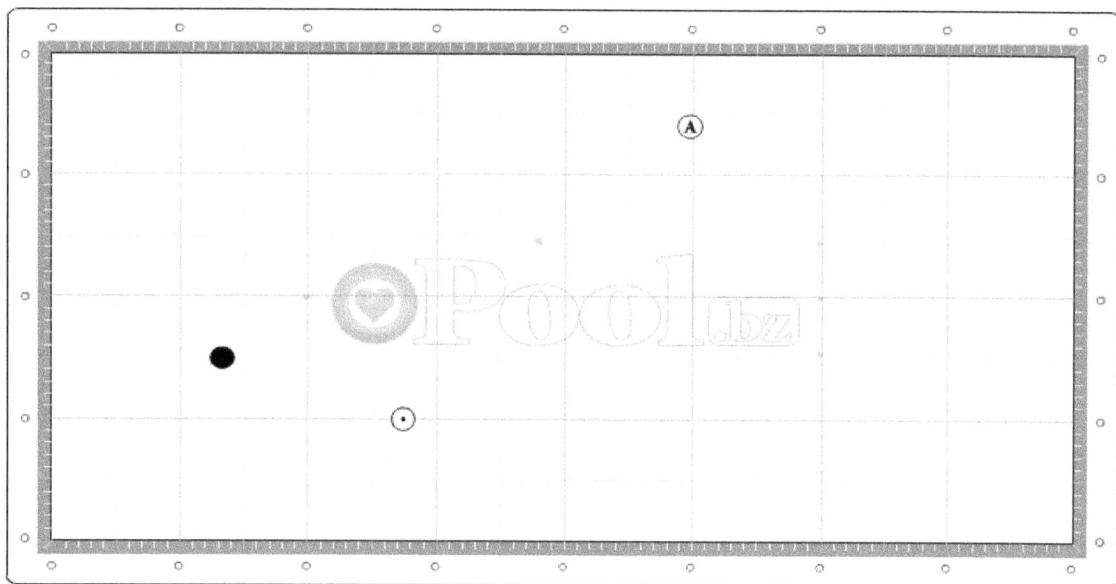

Opmerkingen en ideeën:

Schotpatroon

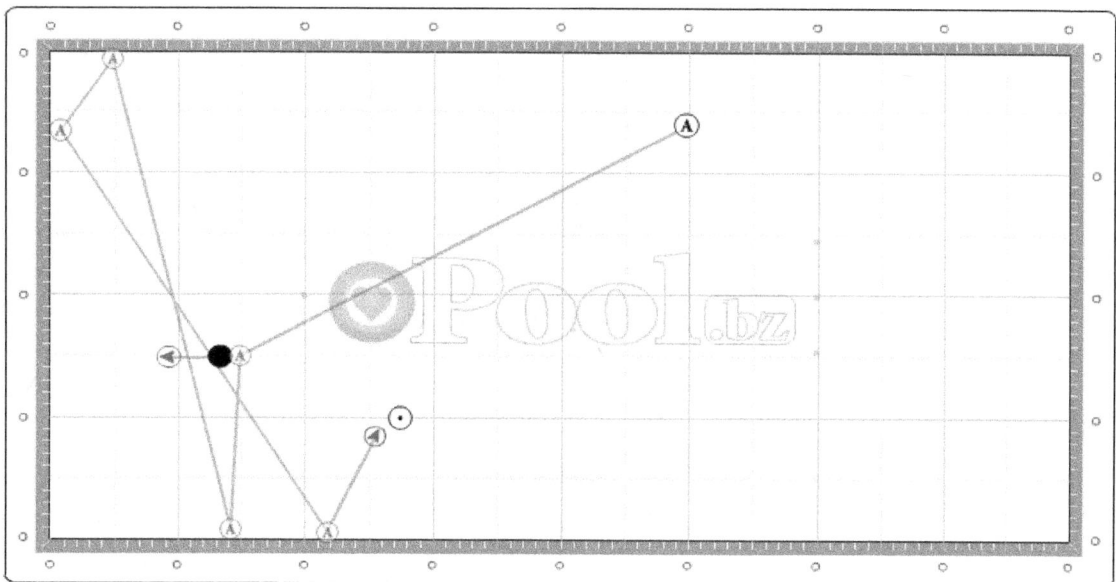

C:2d – Opstelling

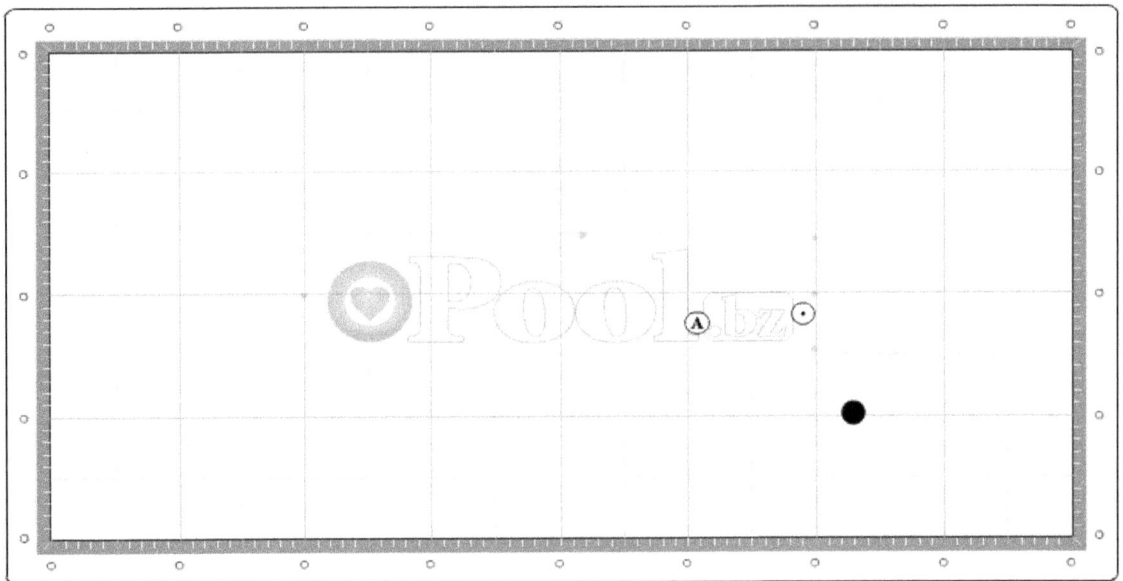

Opmerkingen en ideeën:

Schotpatroon

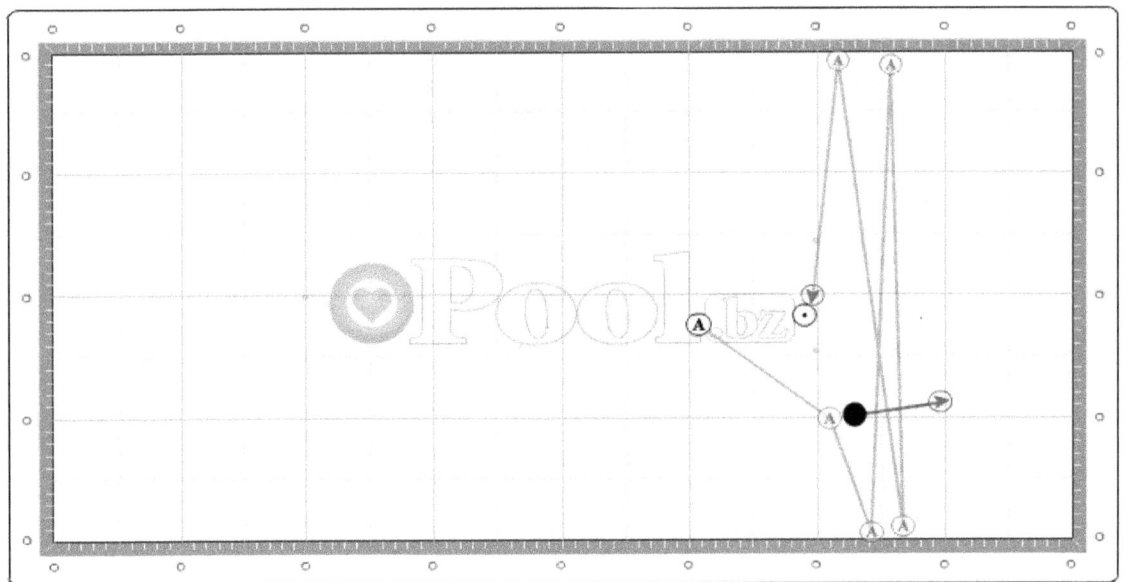

D: Veel en veel extra biljartbanden

De (CB) reist rond vele, vele biljartbanden.

(A) (CB) (uw biljartbal) – (•) (OB) (tegenstander biljartbal) – ● (OB) (rode biljartbal)

D: Groep 1

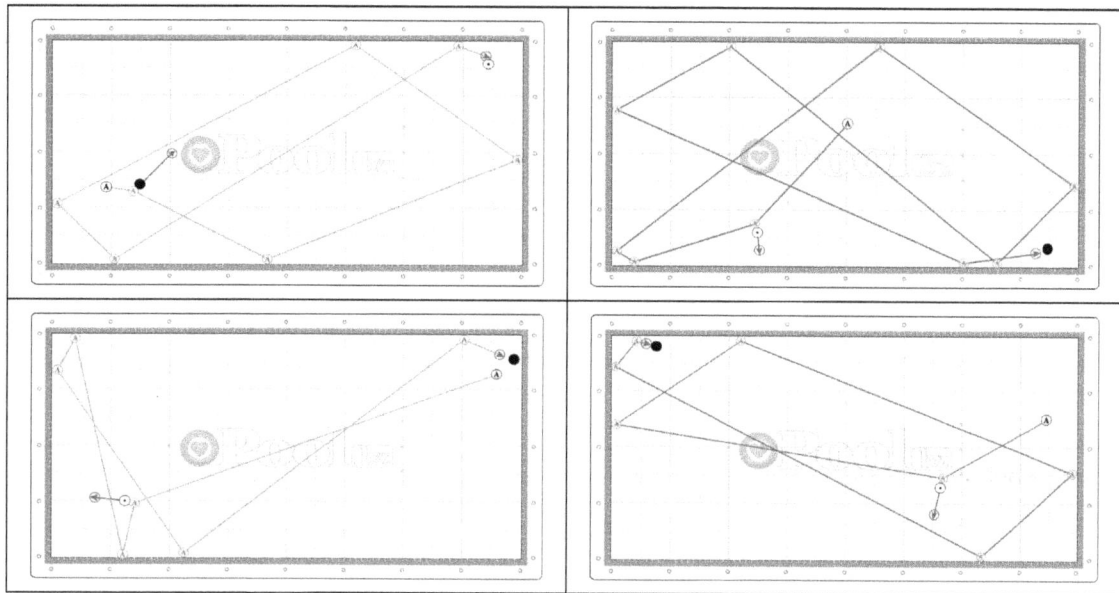

Analyse:

D:1a. _____

D:1b. _____

D:1c. _____

D:1d. _____

D:1a – Opstelling

Opmerkingen en ideeën:

Schotpatroon

D:1b – Opstelling

Opmerkingen en ideeën:

Schotpatroon

D:1c – Opstelling

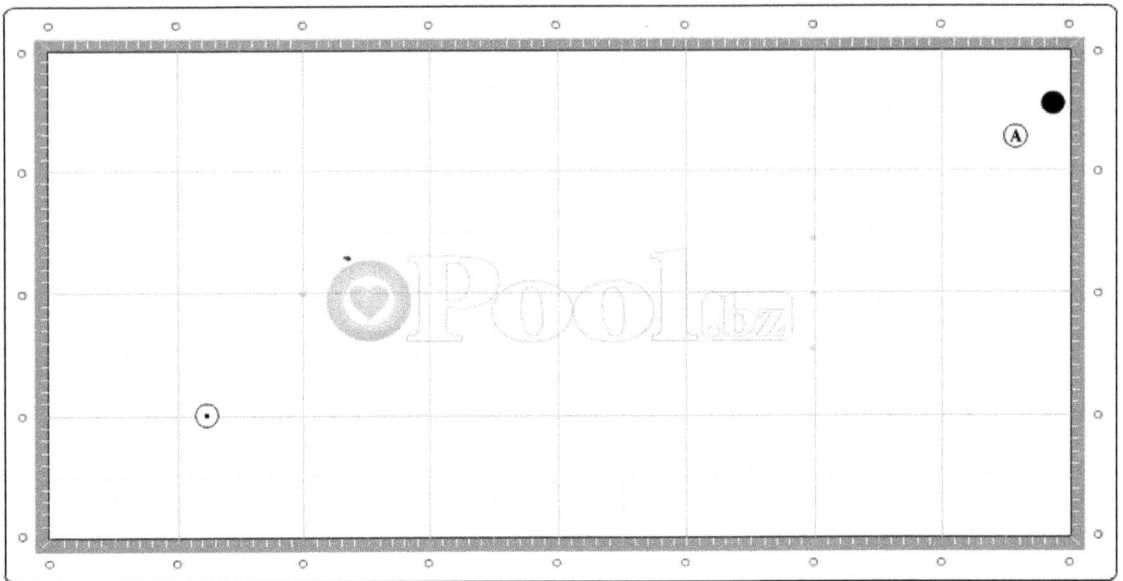

Opmerkingen en ideeën:

Schotpatroon

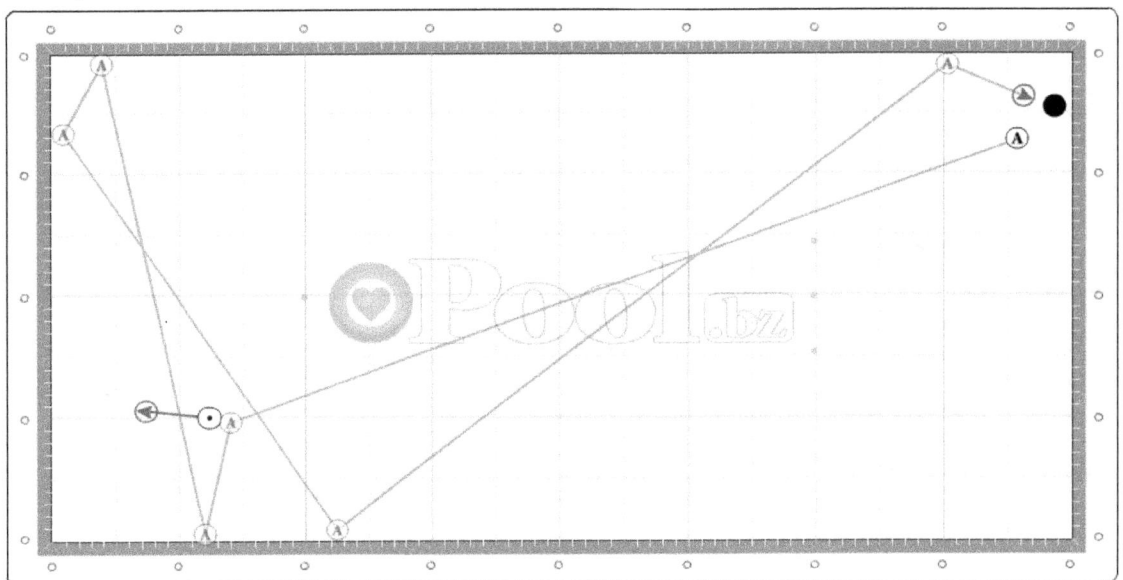

D:1d – Opstelling

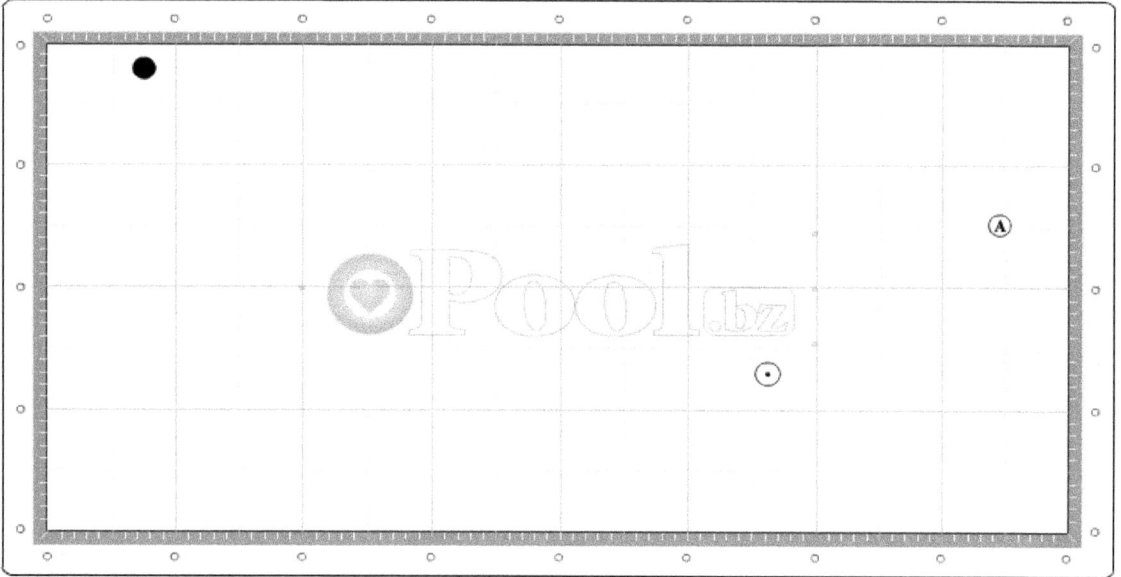

Opmerkingen en ideeën:

Schotpatroon

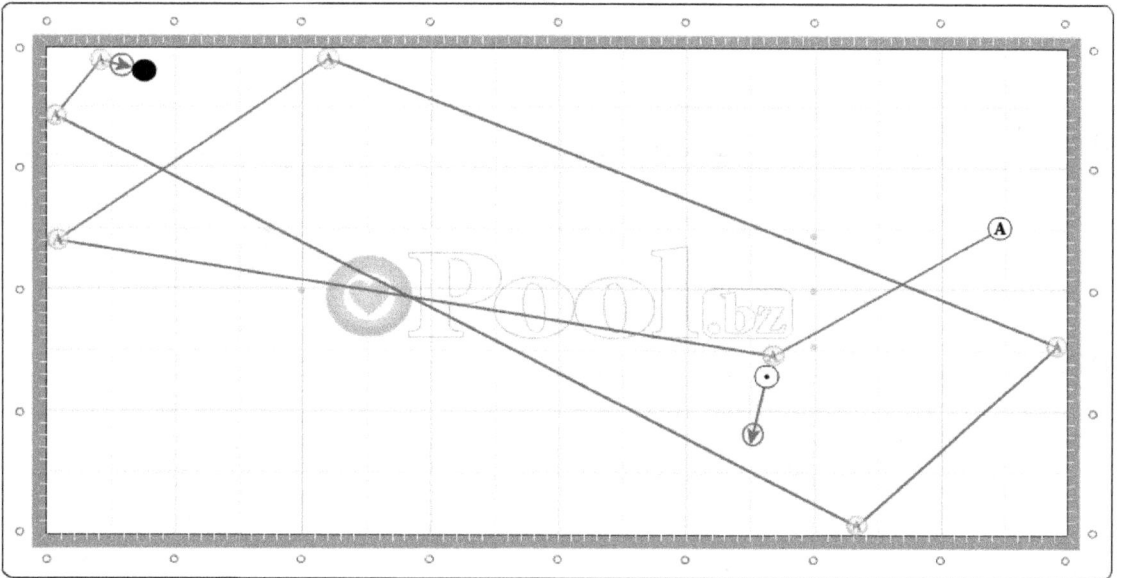

D: Groep 2

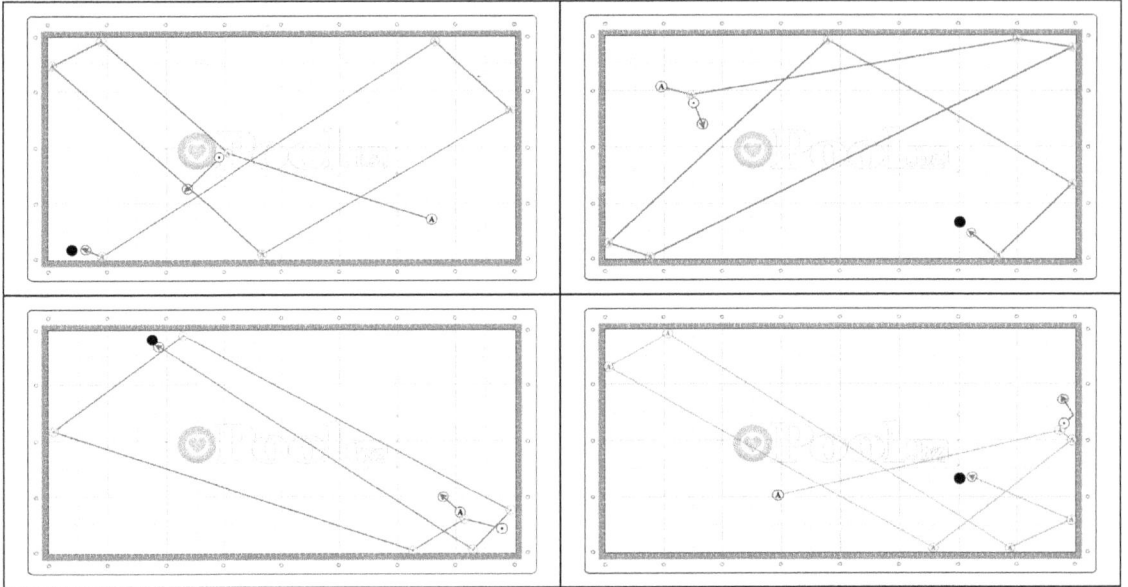

Analyse:

D:2a. _____

D:2b. _____

D:2c. _____

D:2d. _____

D:2a – Opstelling

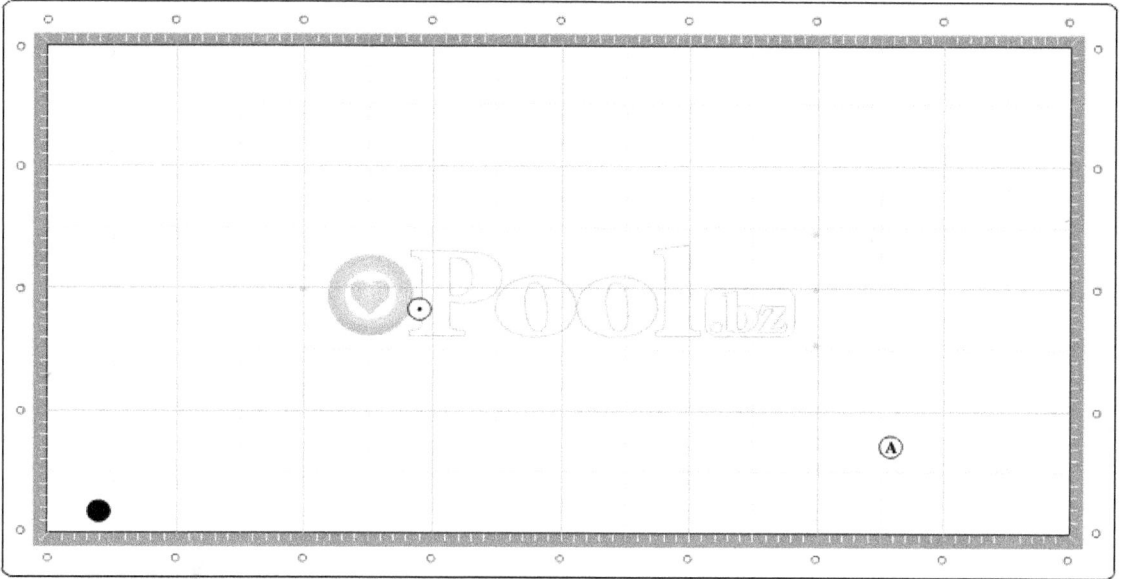

Opmerkingen en ideeën:

Schotpatroon

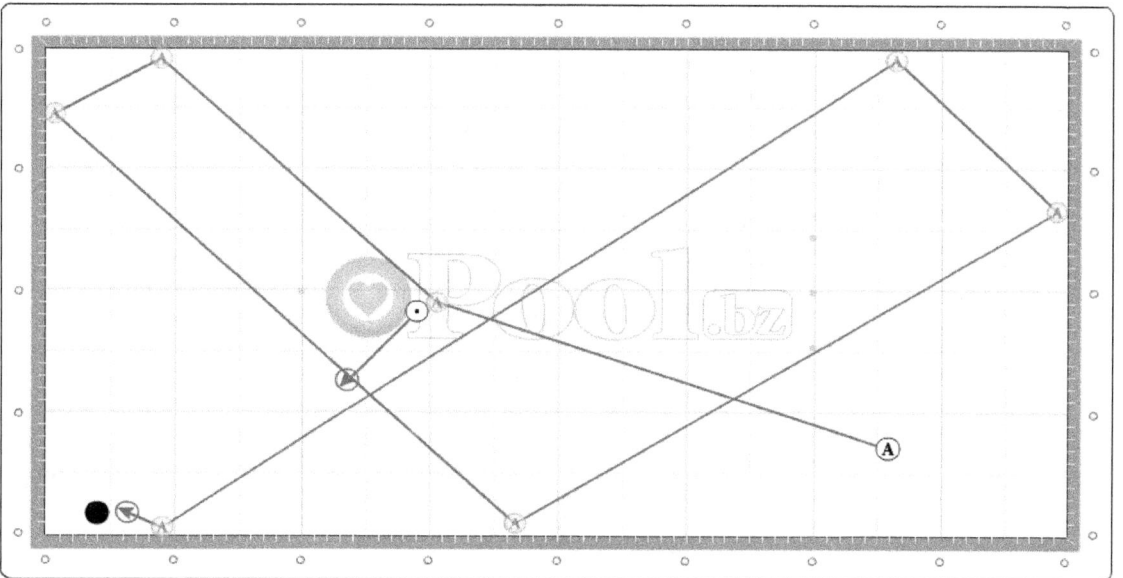

D:2b – Opstelling

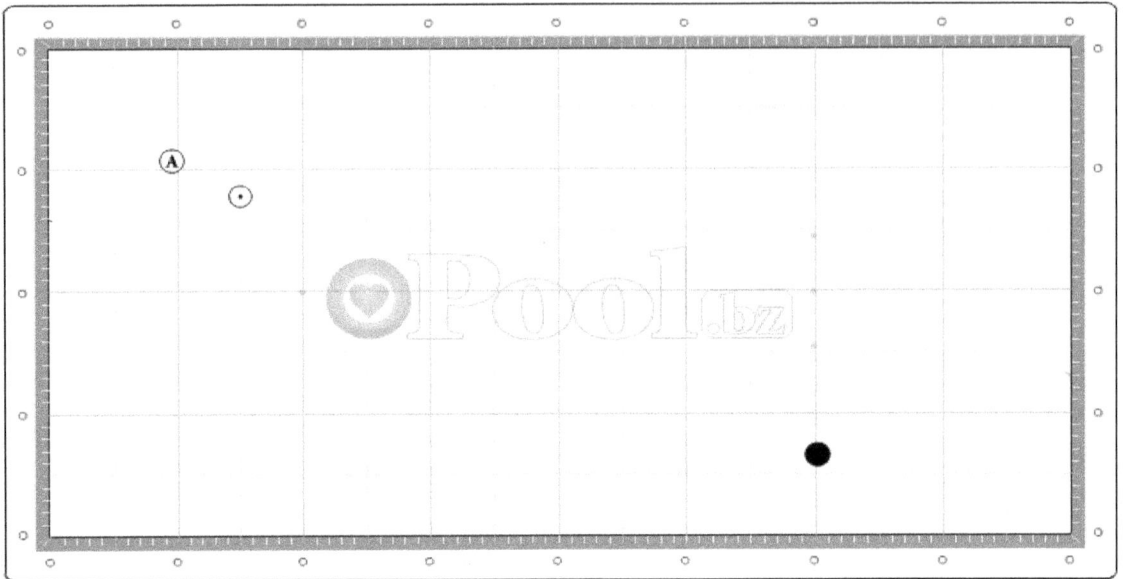

Opmerkingen en ideeën:

Schotpatroon

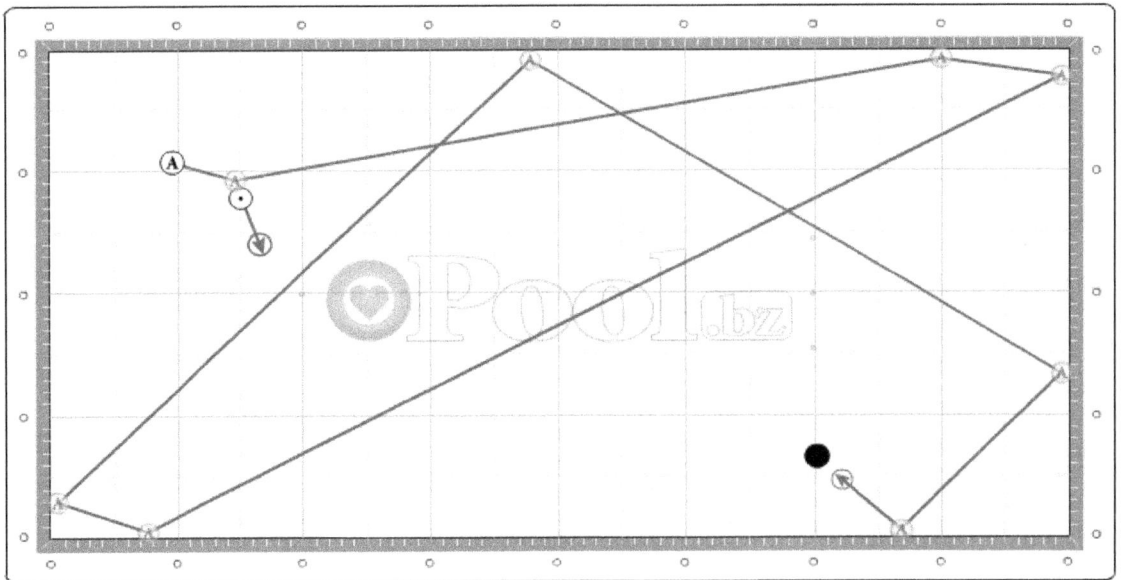

D:2c – Opstelling

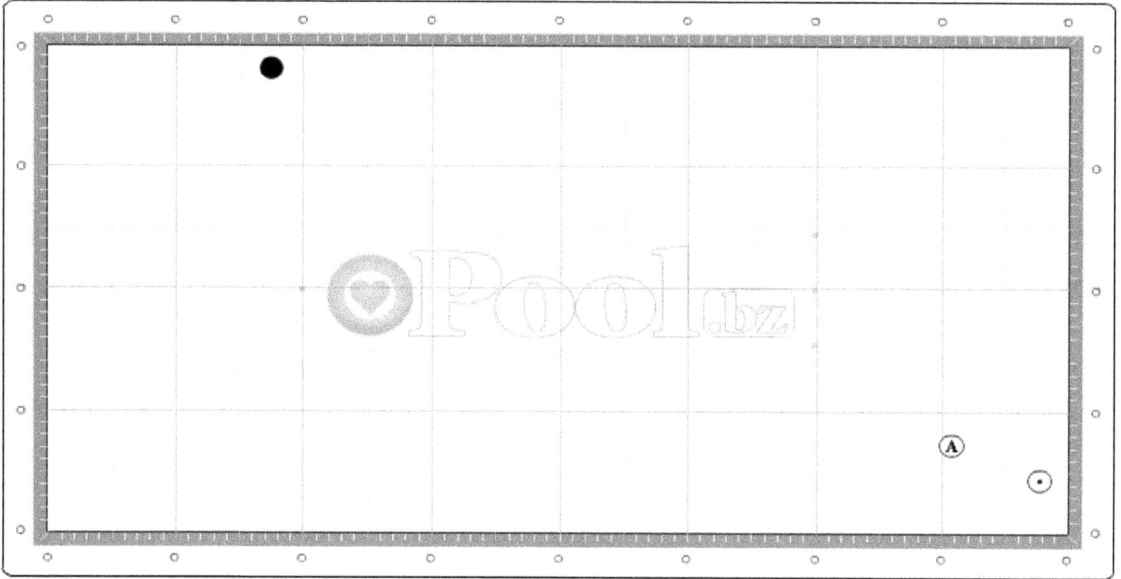

Opmerkingen en ideeën:

Schotpatroon

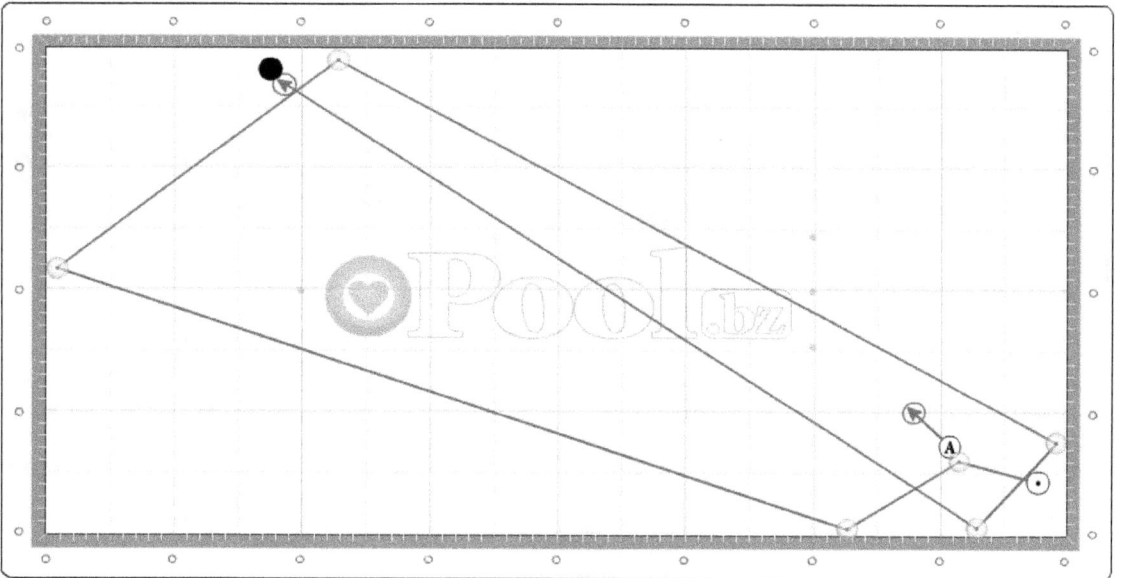

D:2d – Opstelling

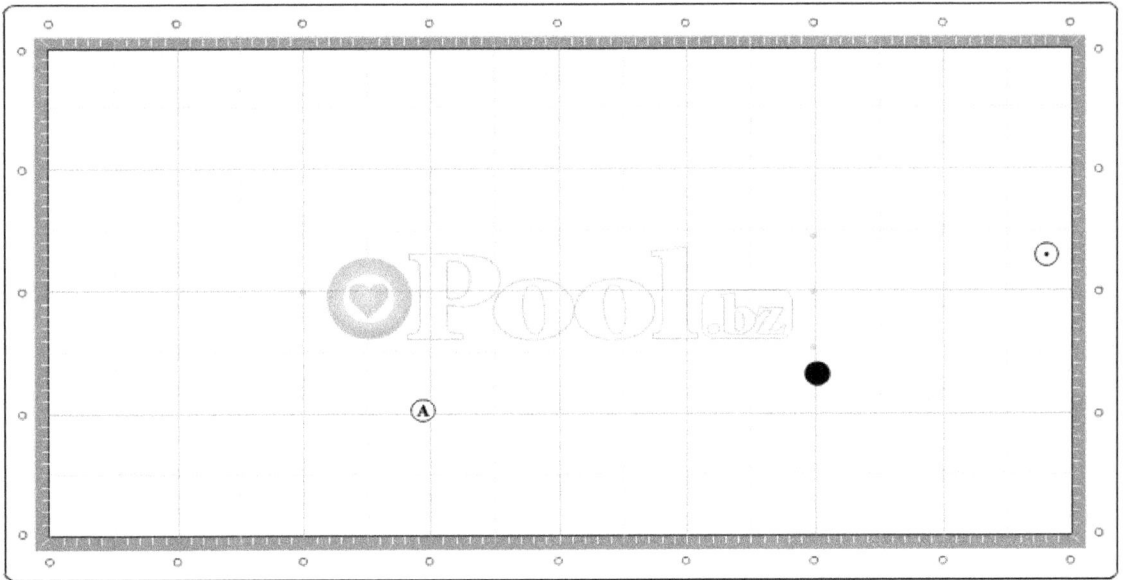

Opmerkingen en ideeën:

Schotpatroon

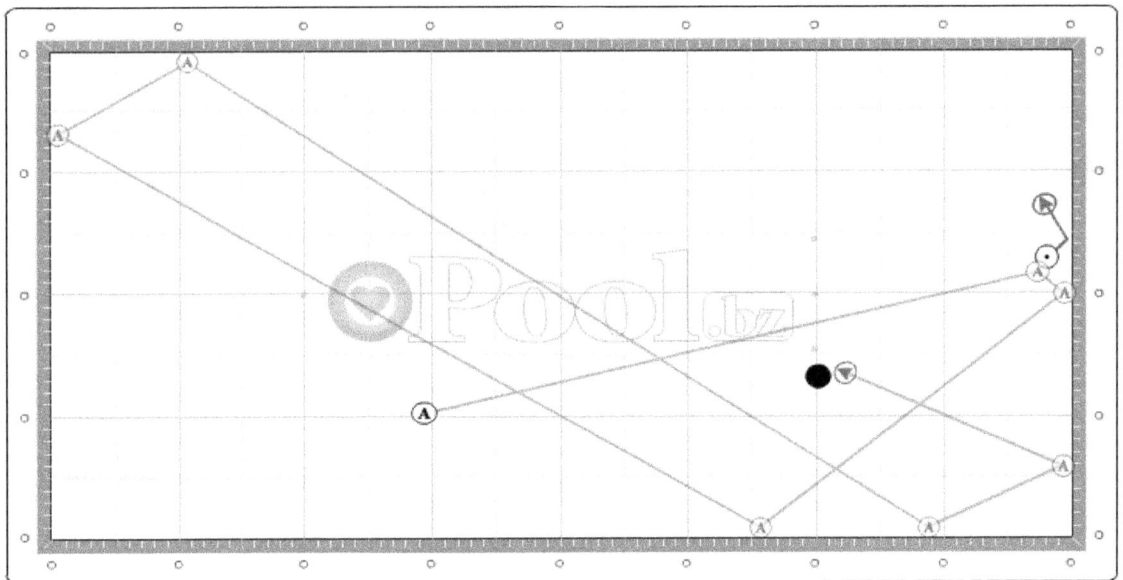

D: Groep 3

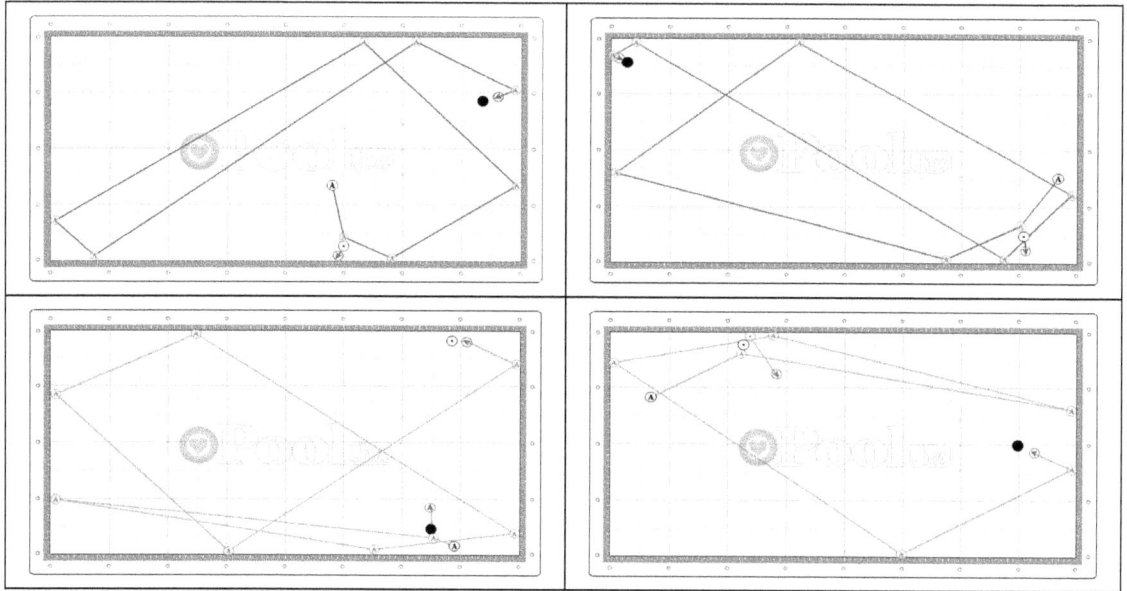

Analyse:

D:3a. _____

D:3b. _____

D:3c. _____

D:3d. _____

D:3a – Opstelling

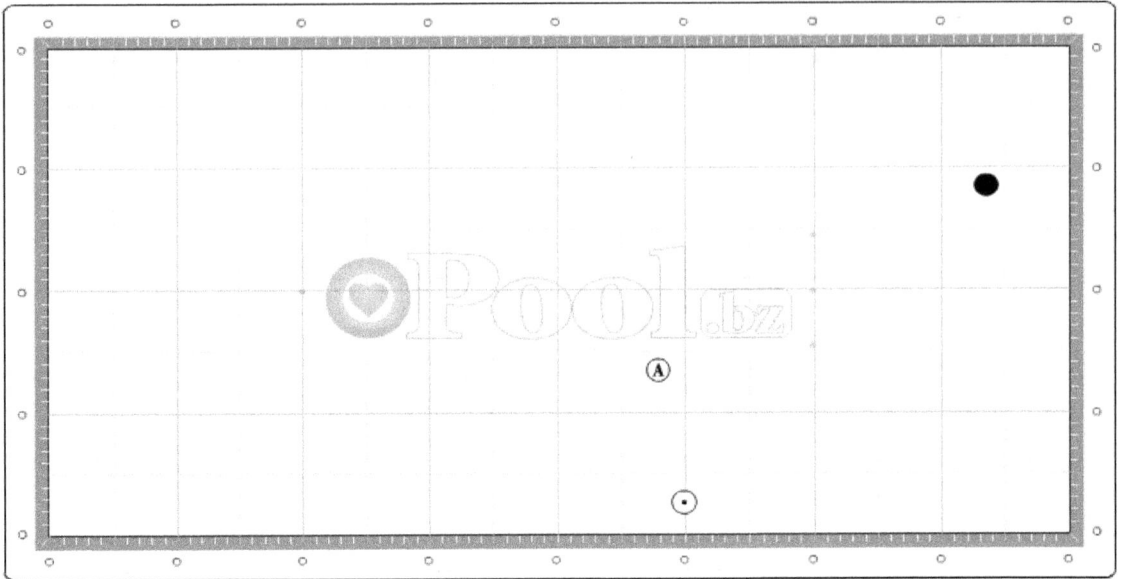

Opmerkingen en ideeën:

Schotpatroon

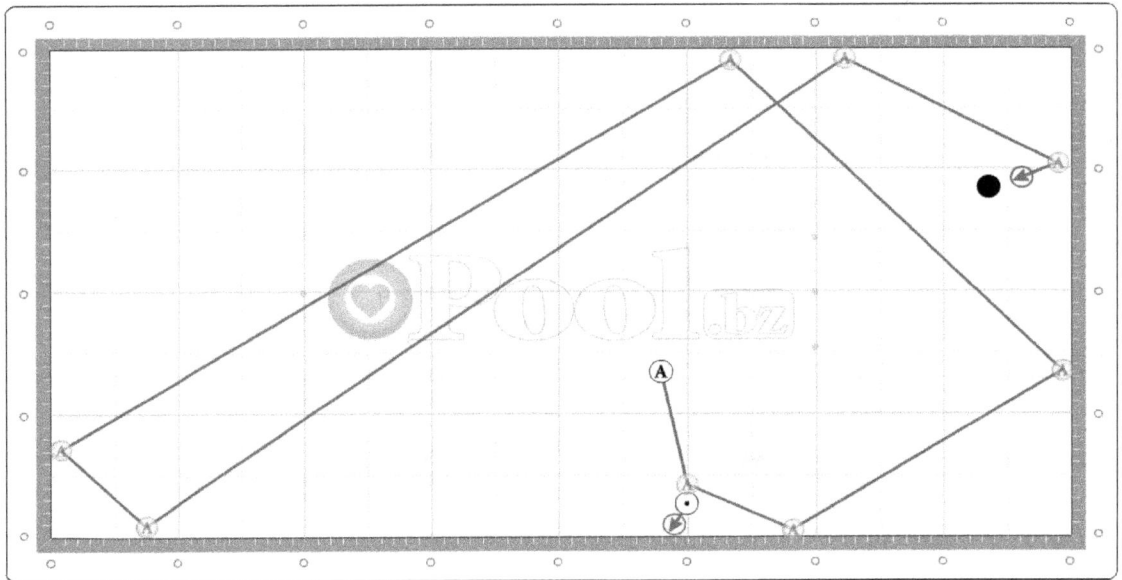

D:3b – Opstelling

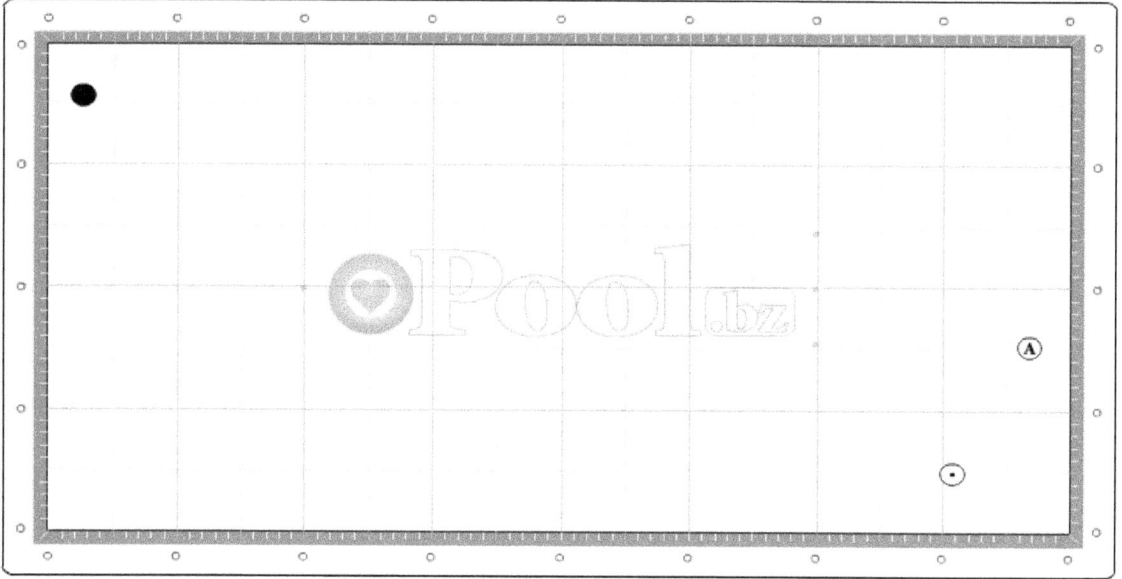

Opmerkingen en ideeën:

Schotpatroon

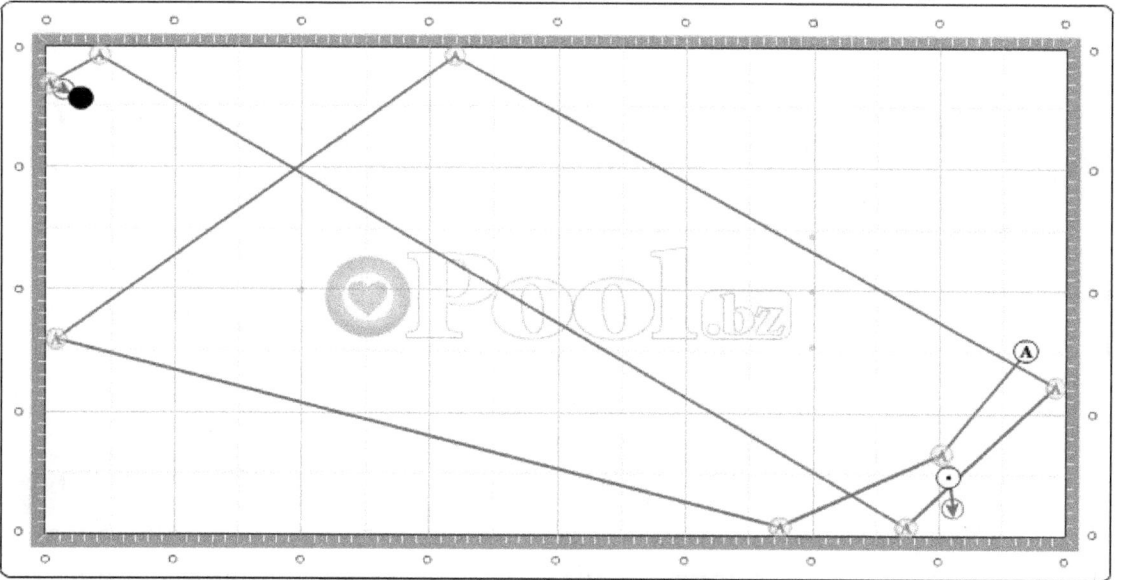

D:3c – Opstelling

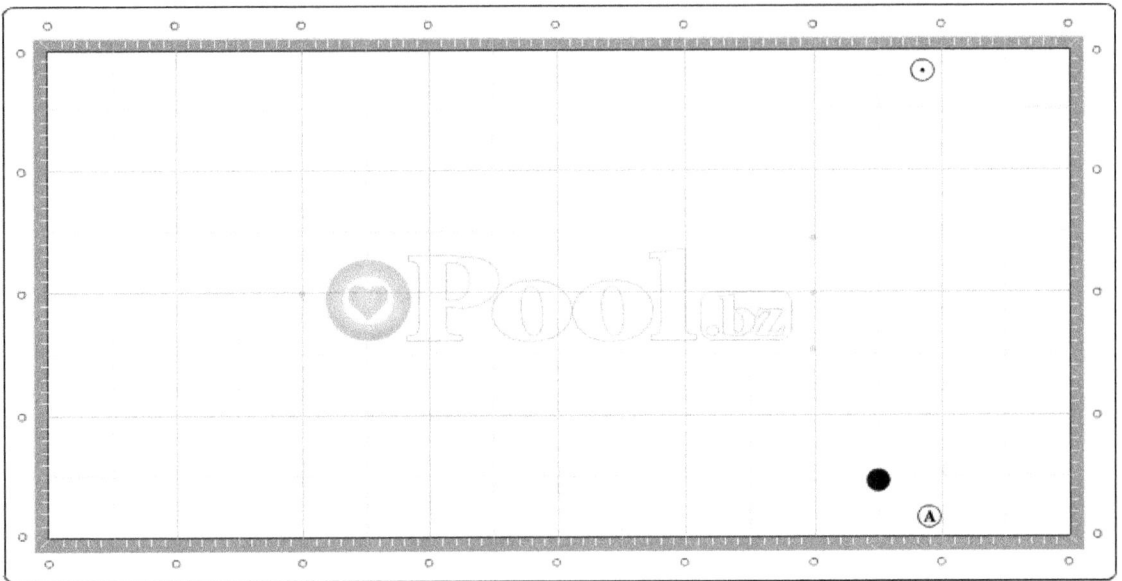

Opmerkingen en ideeën:

Schotpatroon

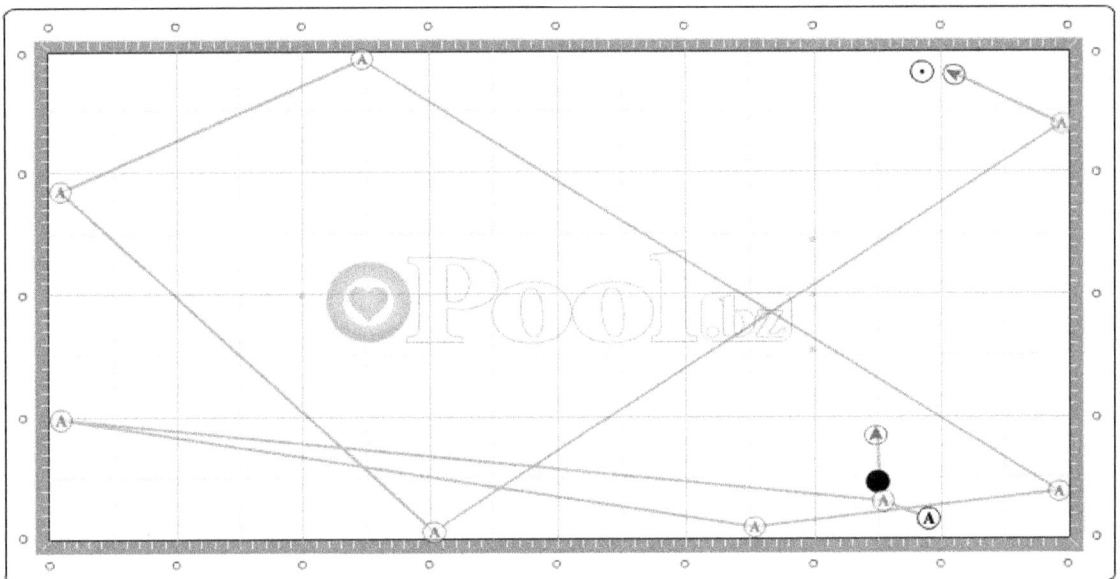

D:3d – Opstelling

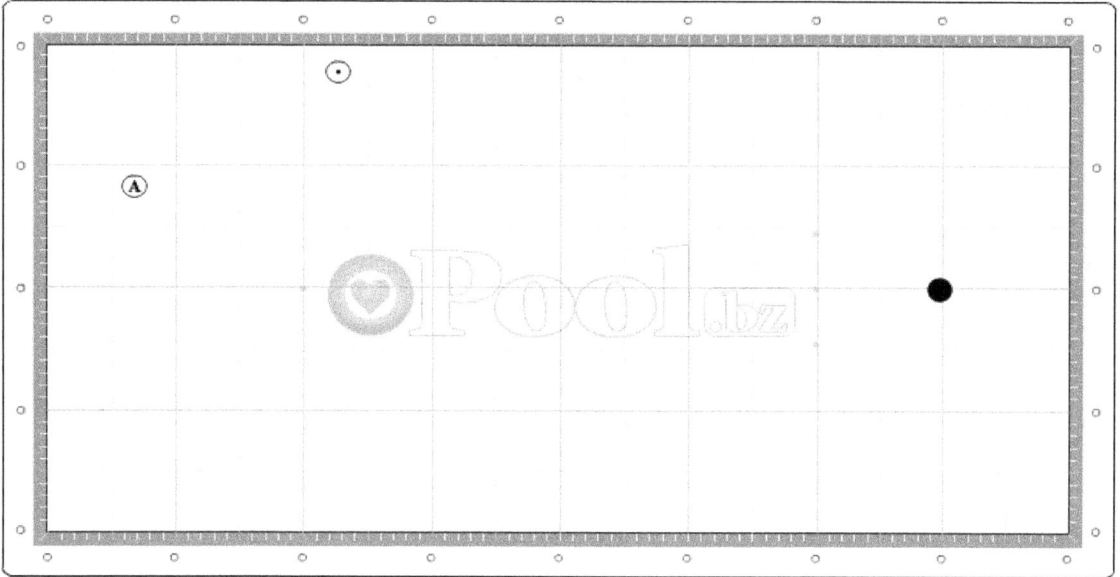

Opmerkingen en ideeën:

Schotpatroon

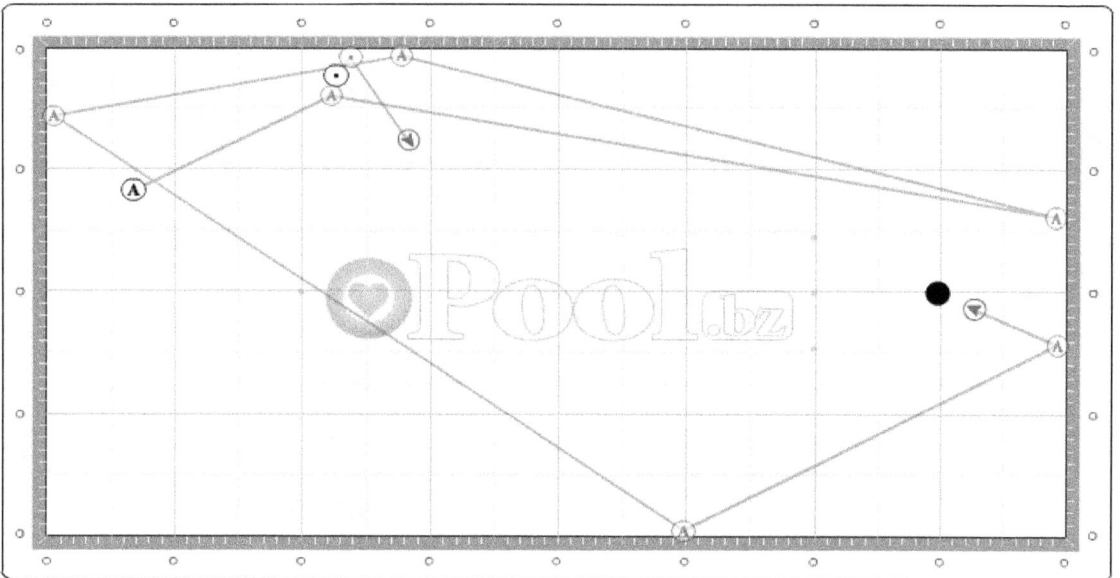

D: Groep 4

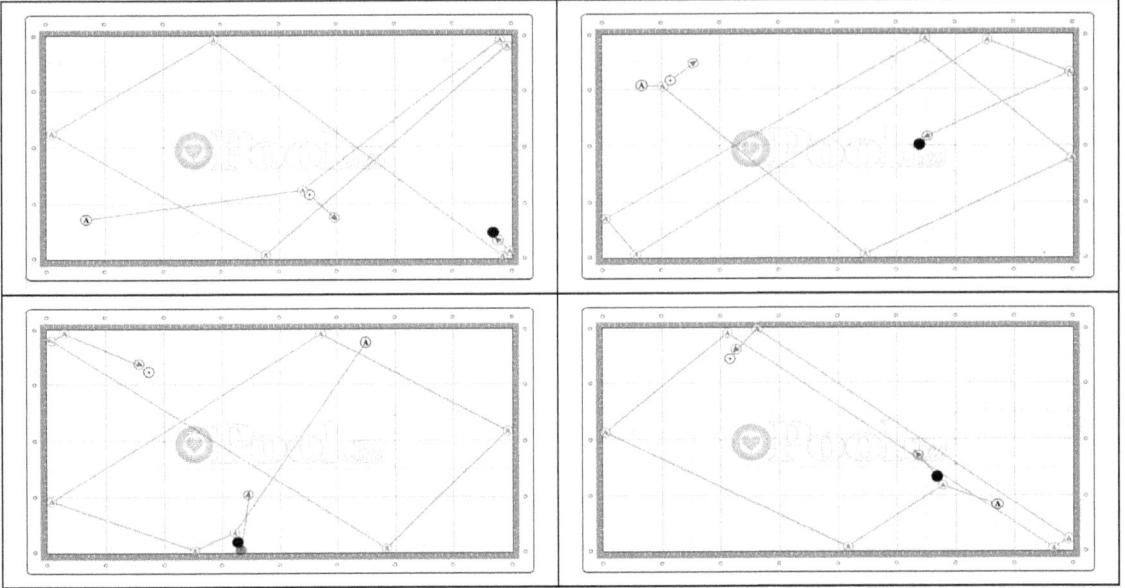

Analyse:

D:4a. _____

D:4b. _____

D:4c. _____

D:4d. _____

D:4a – Opstelling

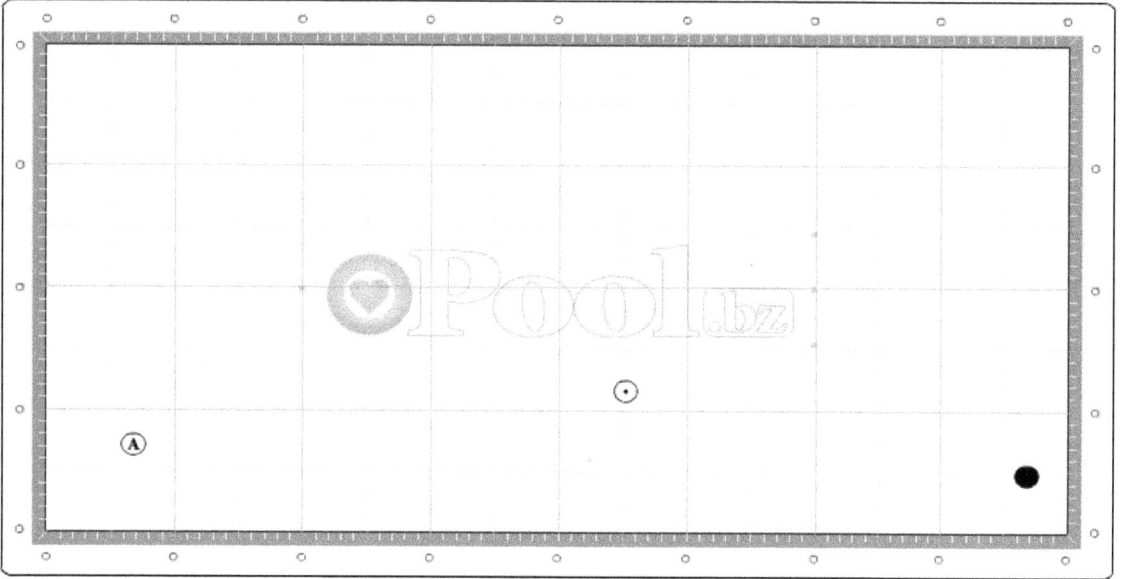

Opmerkingen en ideeën:

Schotpatroon

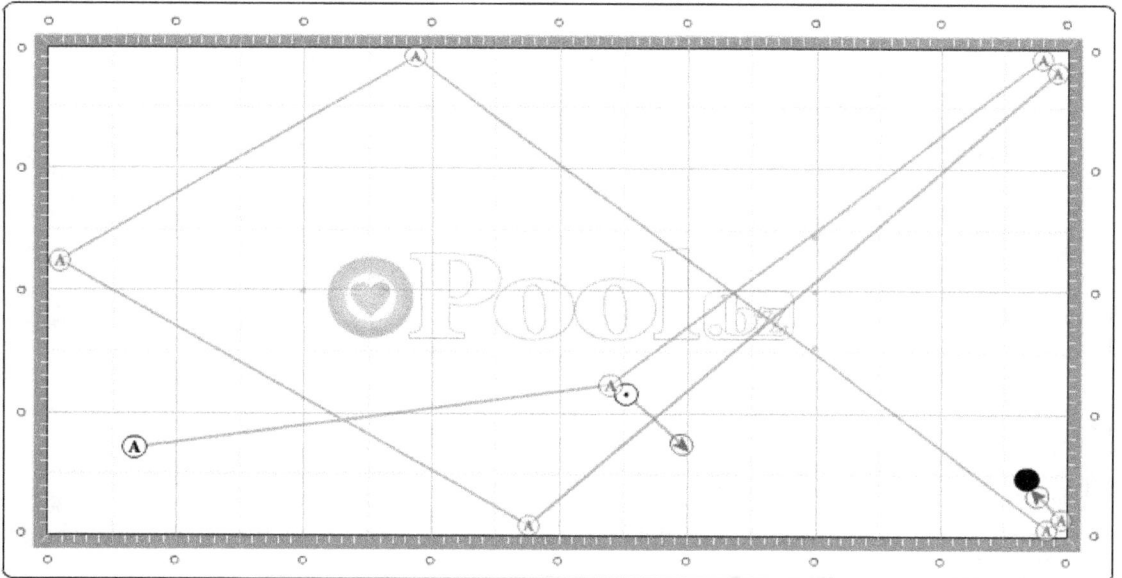

D:4b – Opstelling

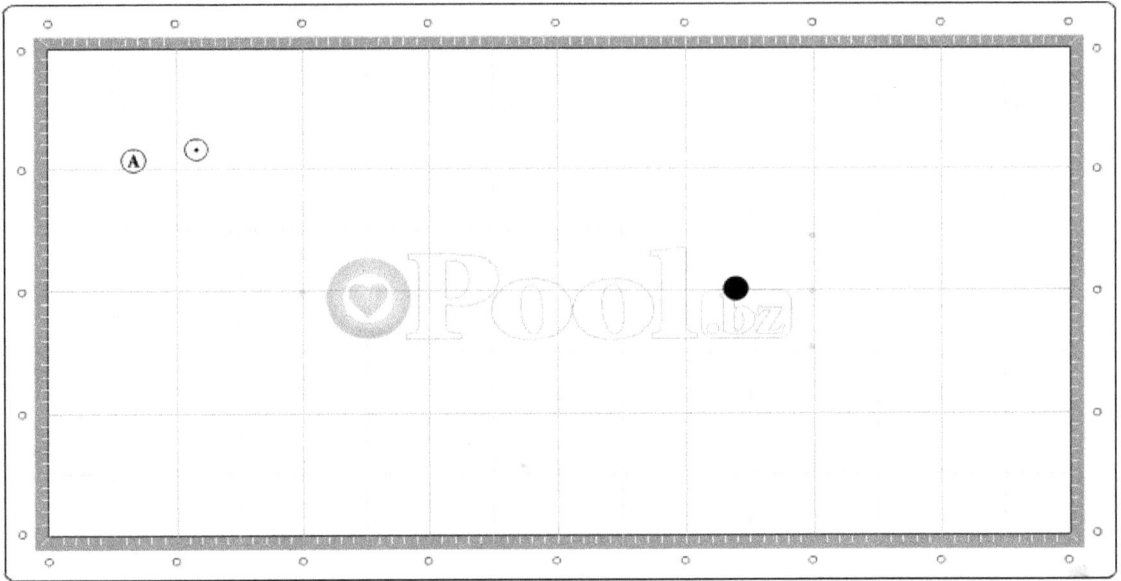

Opmerkingen en ideeën:

Schotpatroon

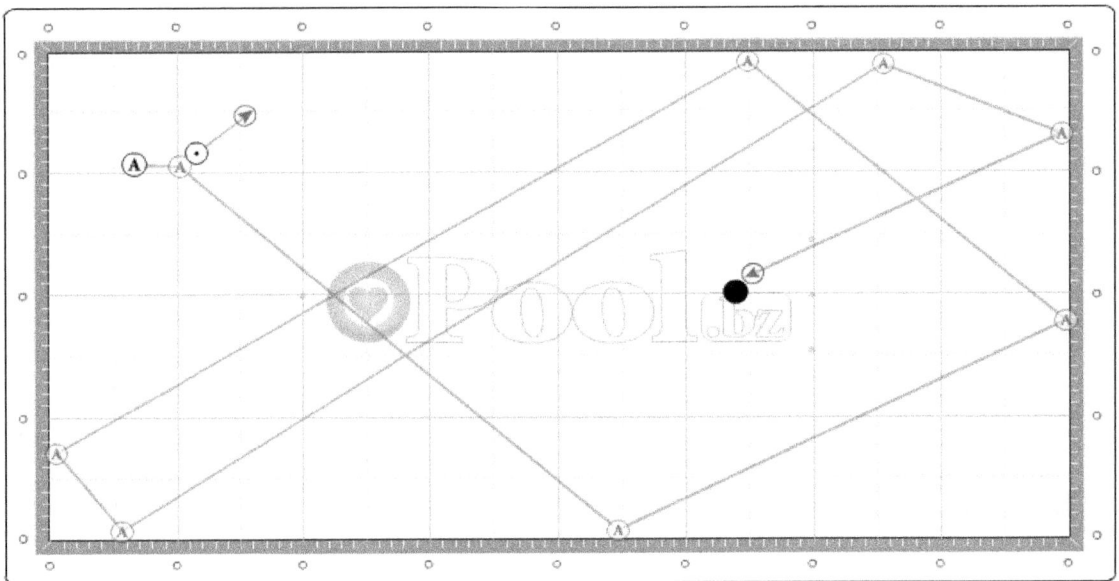

D:4c – Opstelling

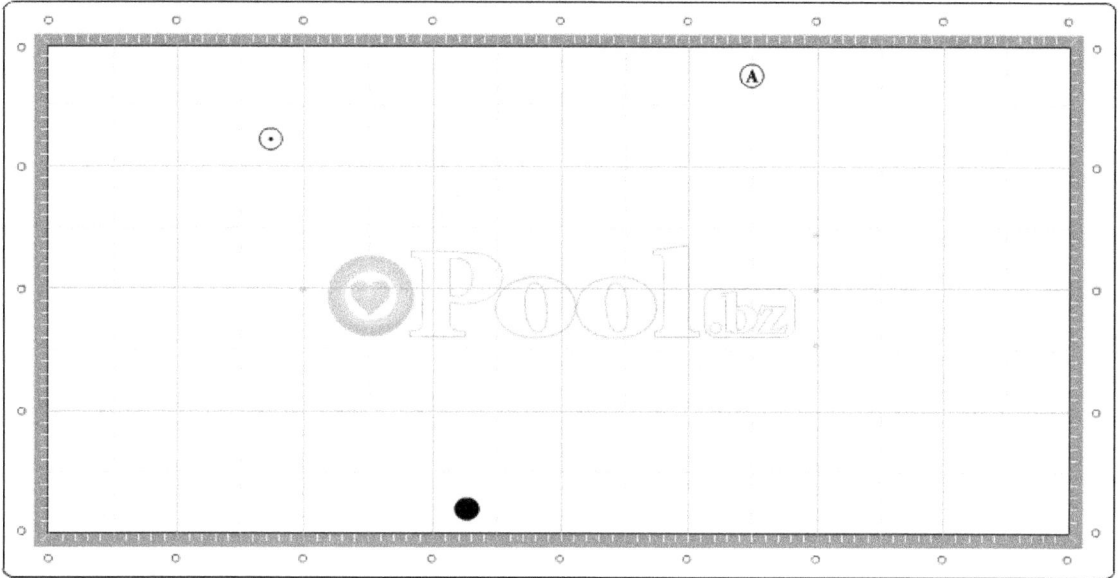

Opmerkingen en ideeën:

Schotpatroon

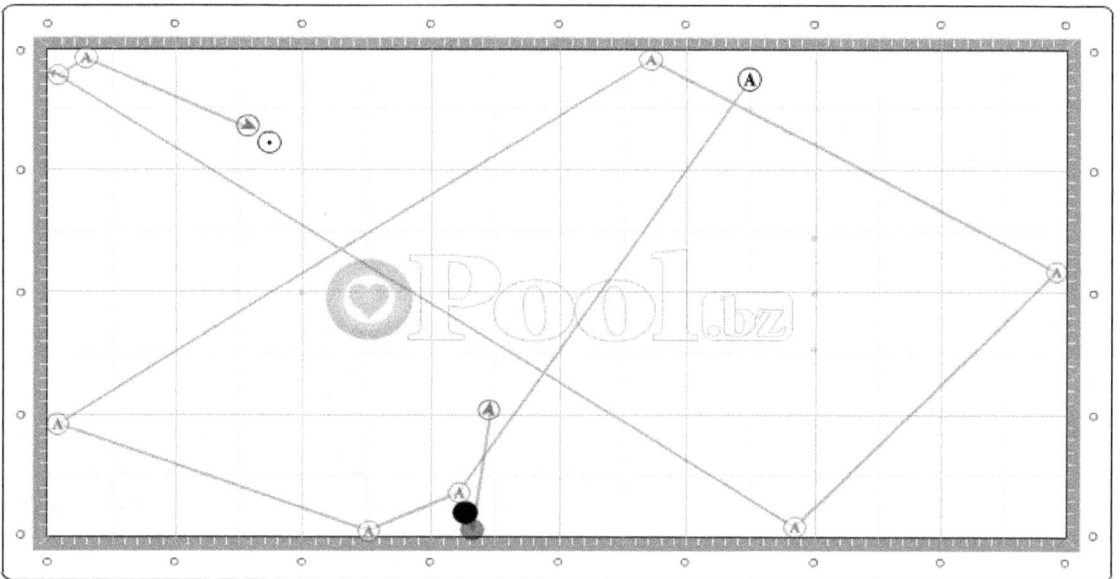

D:4d – Opstelling

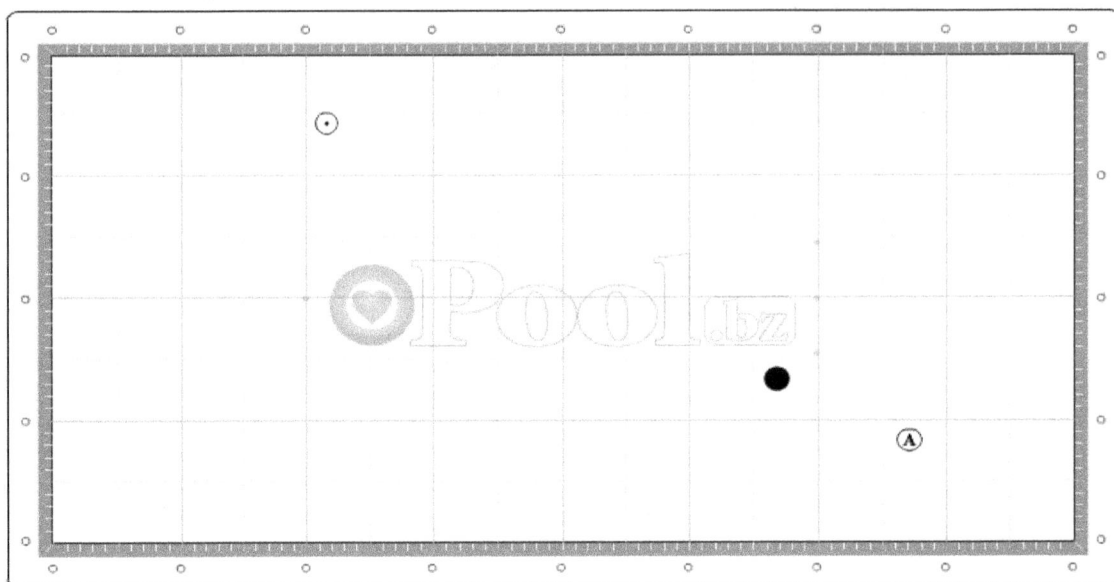

Opmerkingen en ideeën:

Schotpatroon

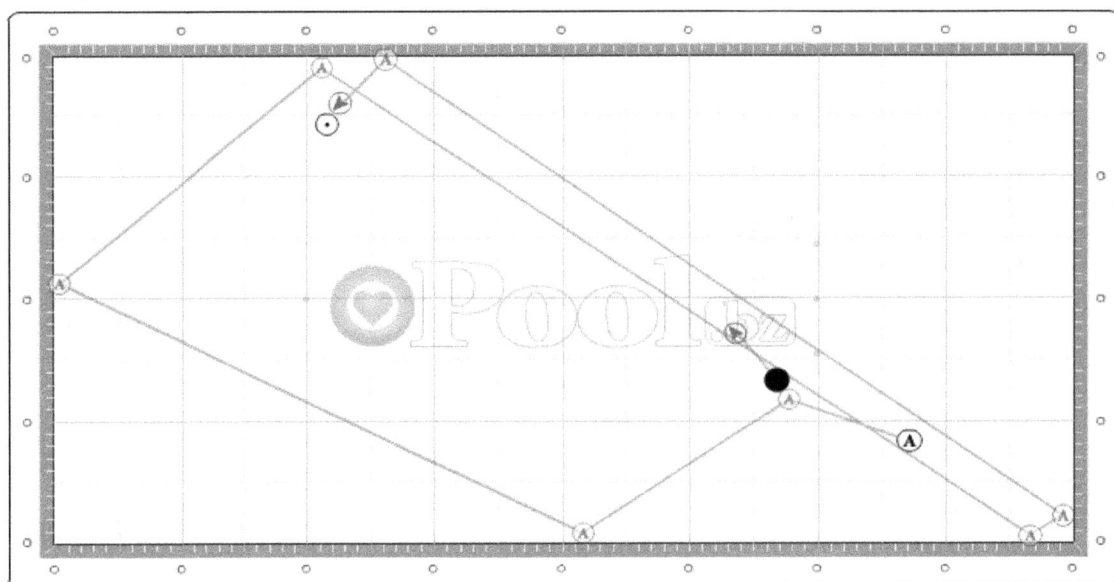

E: Parallelle paden

De (CB) gaat van de ene hoek naar de andere hoek en terug naar de eerste hoek. Het (CB) patroon is op een parallelle lijn met het patroon dat naar binnen gaat.

(A) (CB) (uw biljartbal) – (·) (OB) (tegenstander biljartbal) – ● (OB) (rode biljartbal)

E: Groep 1

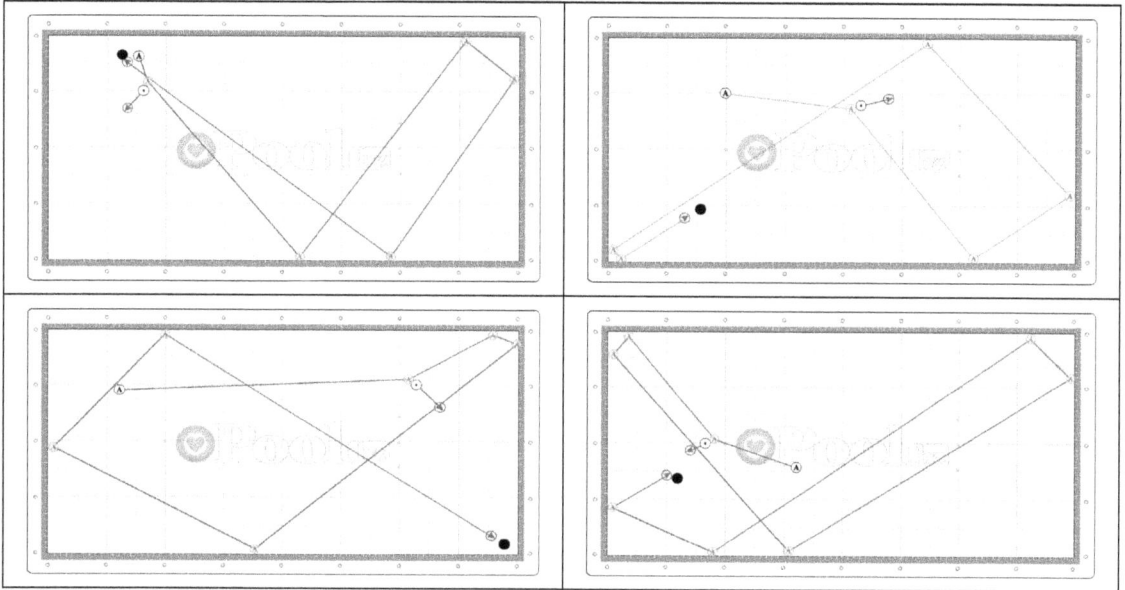

Analyse:

E:1a. _____

E:1b. _____

E:1c. _____

E:1d. _____

E:1a – Opstelling

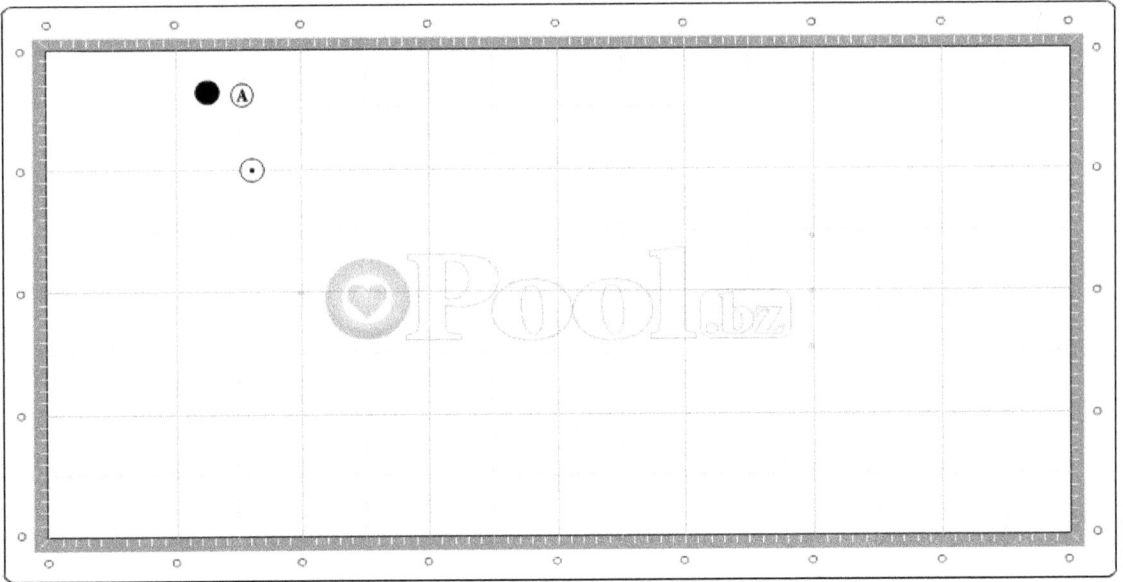

Opmerkingen en ideeën:

Schotpatroon

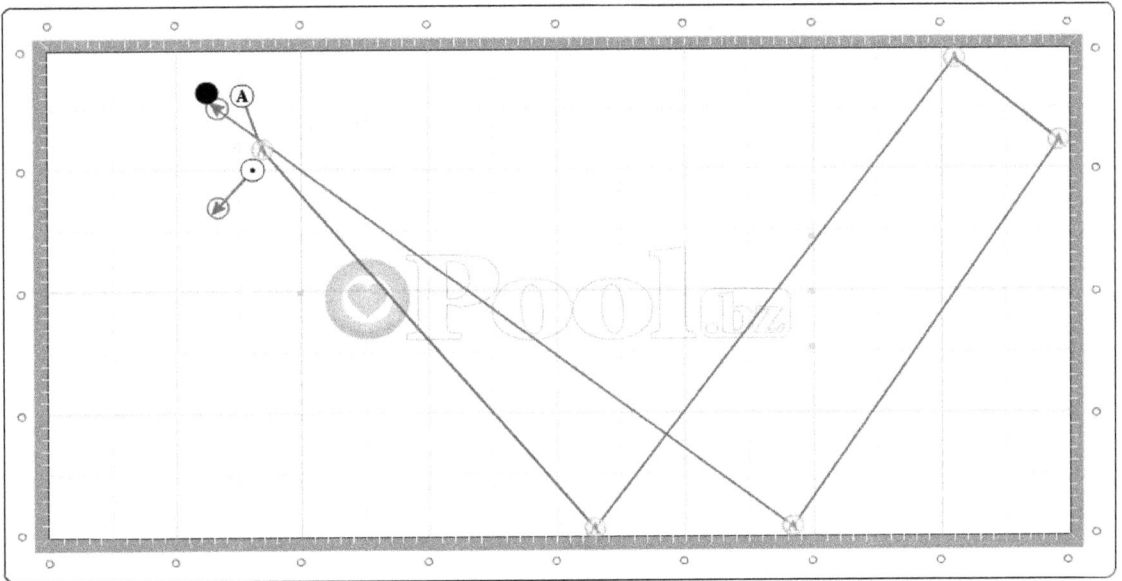

E:1b – Opstelling

Opmerkingen en ideeën:

Schotpatroon

E:1c – Opstelling

Opmerkingen en ideeën:

Schotpatroon

E:1d – Opstelling

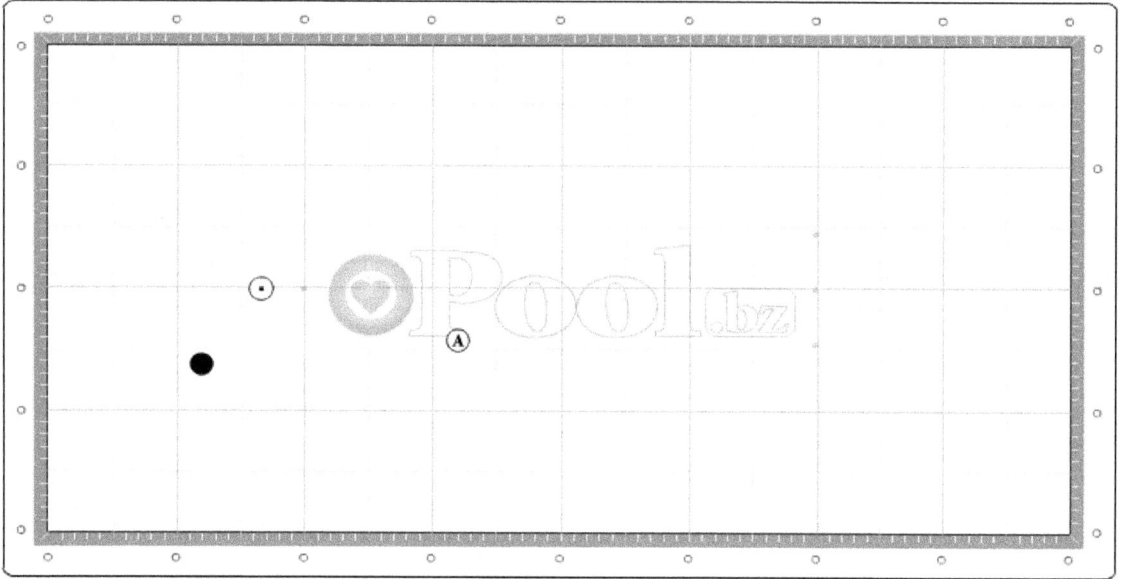

Opmerkingen en ideeën:

Schotpatroon

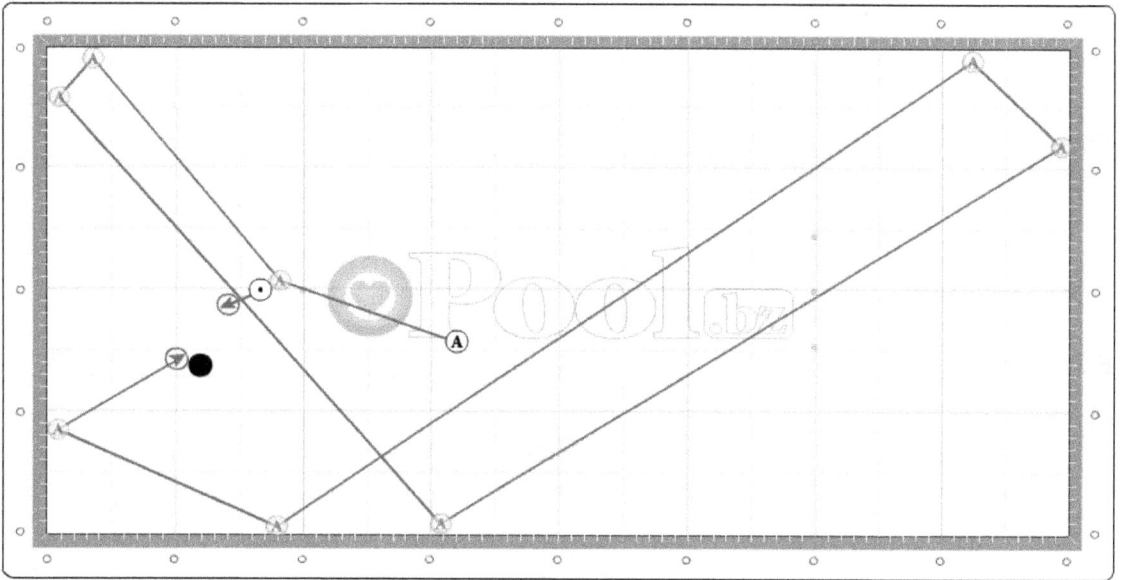

E: Groep 2

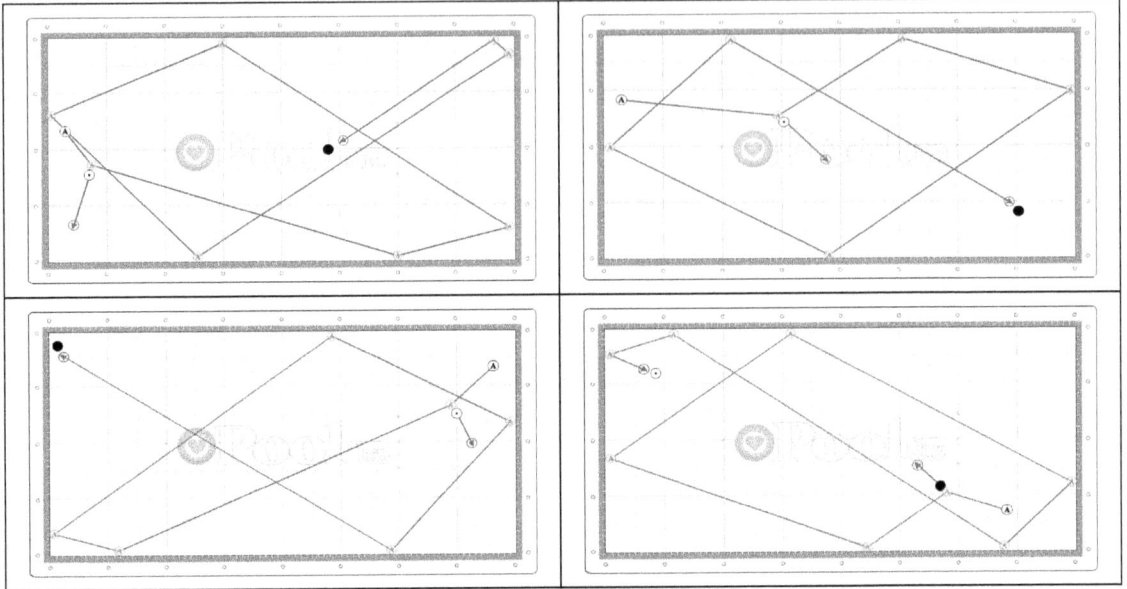

Analyse:

E:2a. _____

E:2b. _____

E:2c. _____

E:2d. _____

E:2a – Opstelling

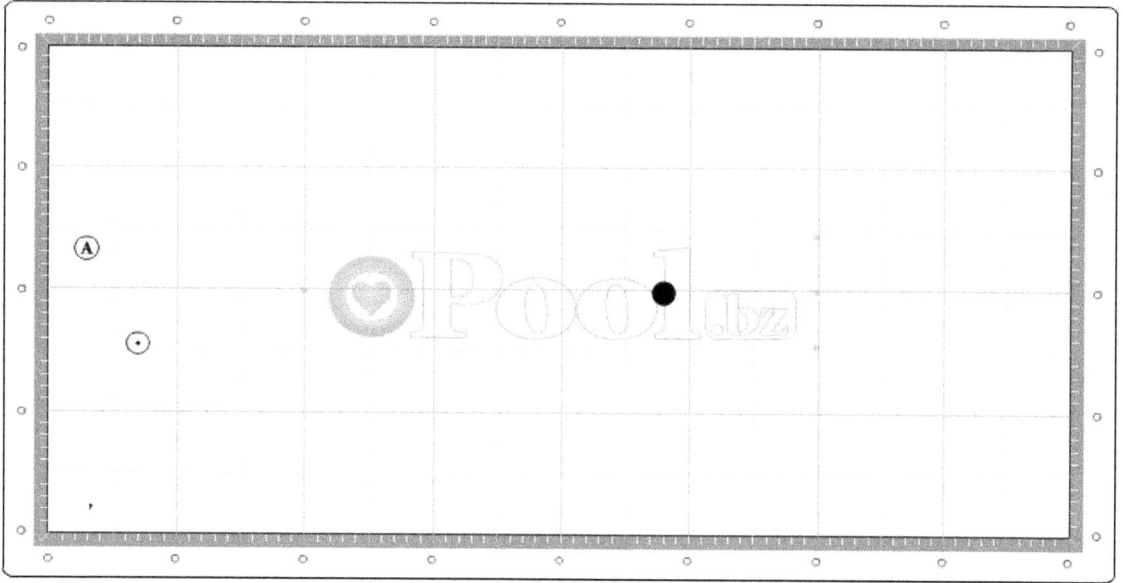

Opmerkingen en ideeën:

Schotpatroon

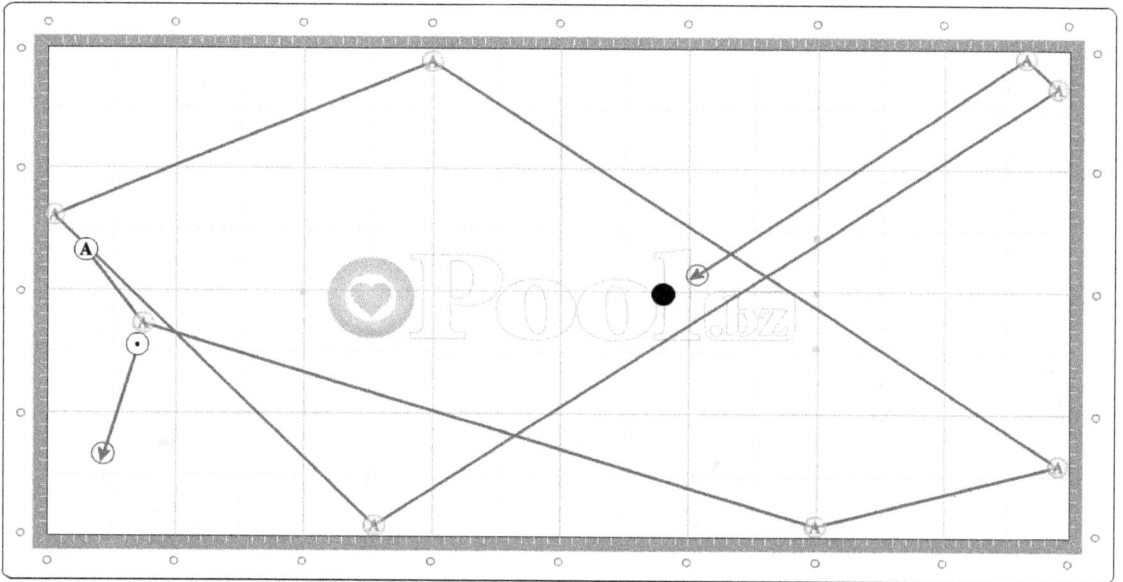

E:2b – Opstelling

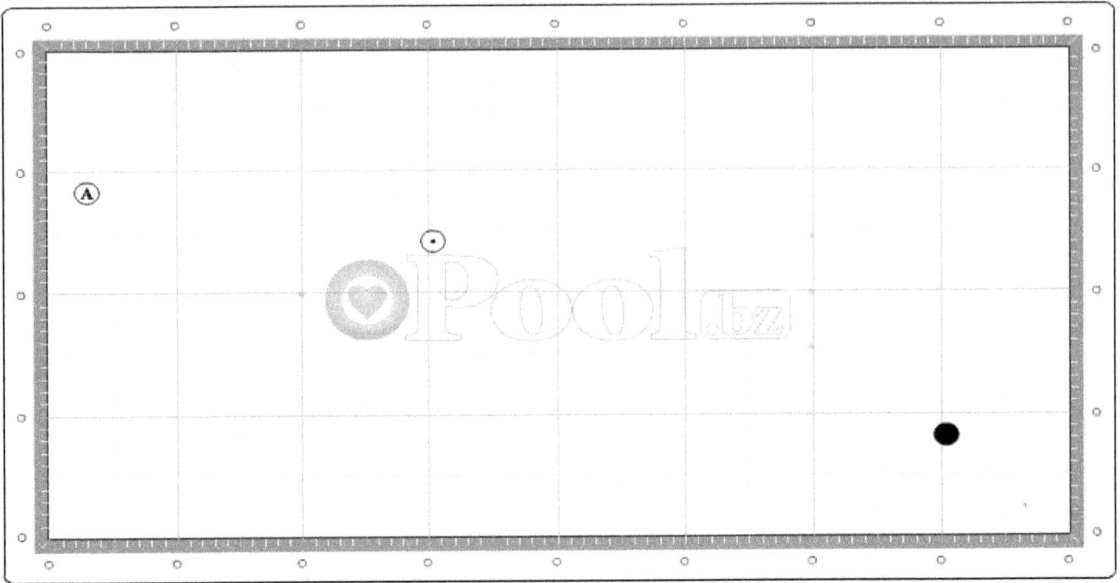

Opmerkingen en ideeën:

Schotpatroon

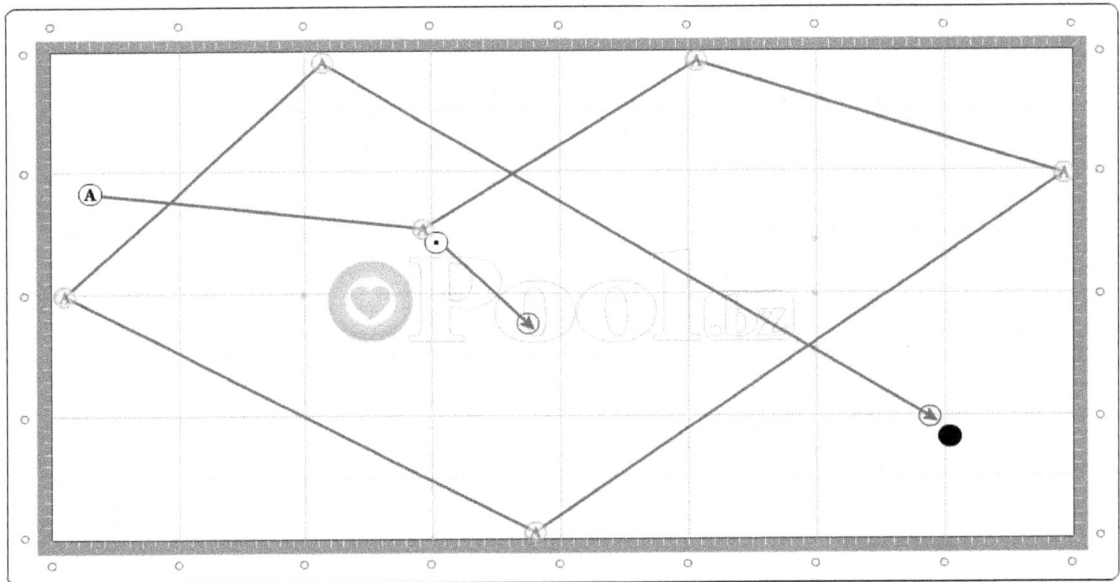

E:2c – Opstelling

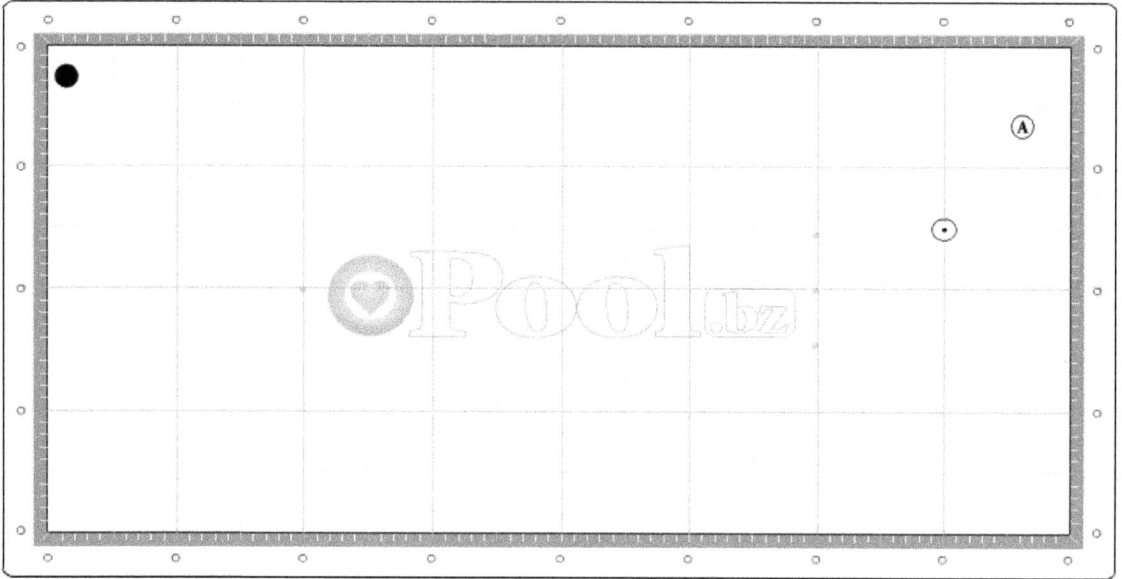

Opmerkingen en ideeën:

Schotpatroon

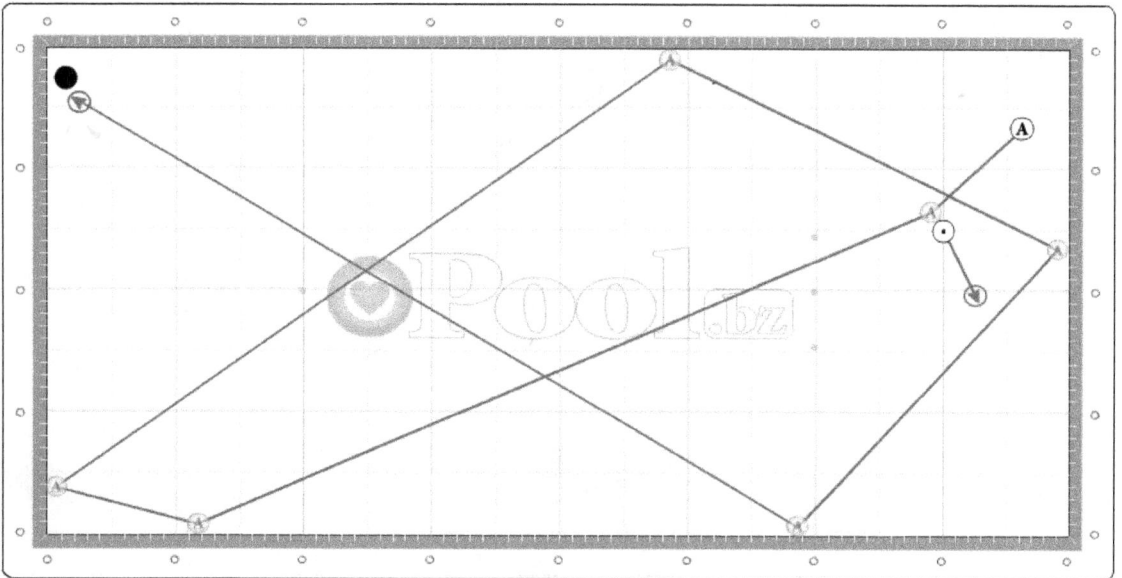

E:2d – Opstelling

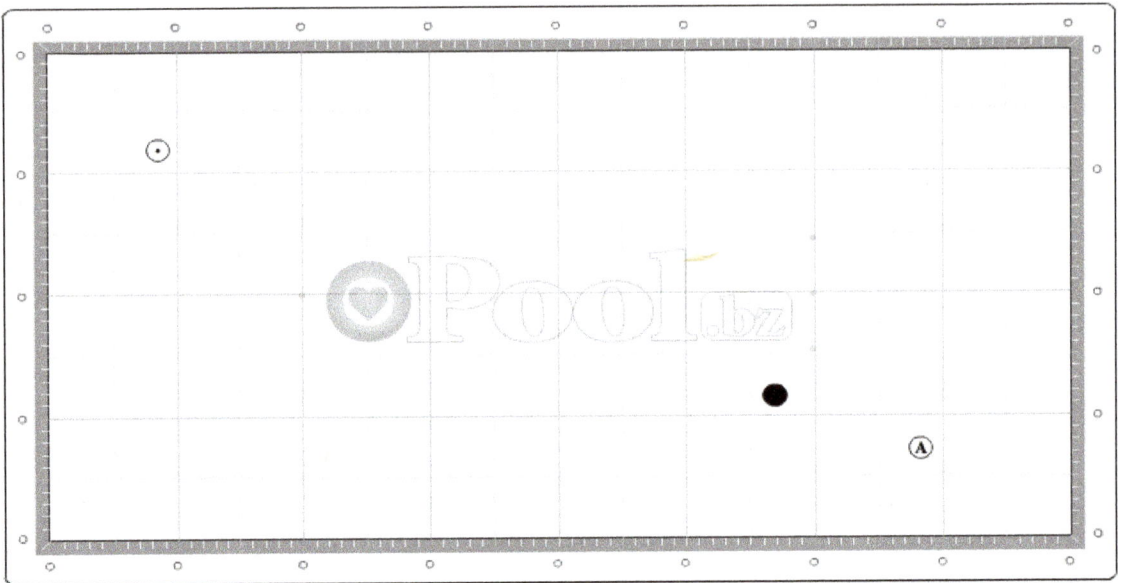

Opmerkingen en ideeën:

Schotpatroon

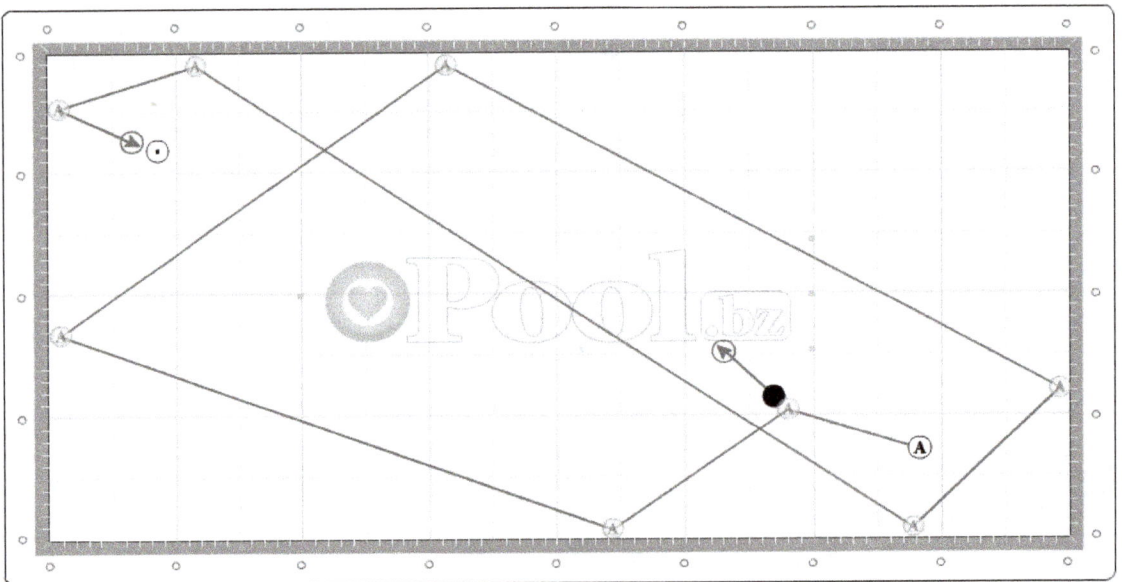

F: Leuk en interessant

Deze situaties vergen veel verbeeldingskracht. De patronen zijn interessante oplossingen voor ongewone configuraties.

(A) (CB) (uw biljartbal) – (•) (OB) (tegenstander biljartbal) – ● (OB) (rode biljartbal)

F: Groep 1

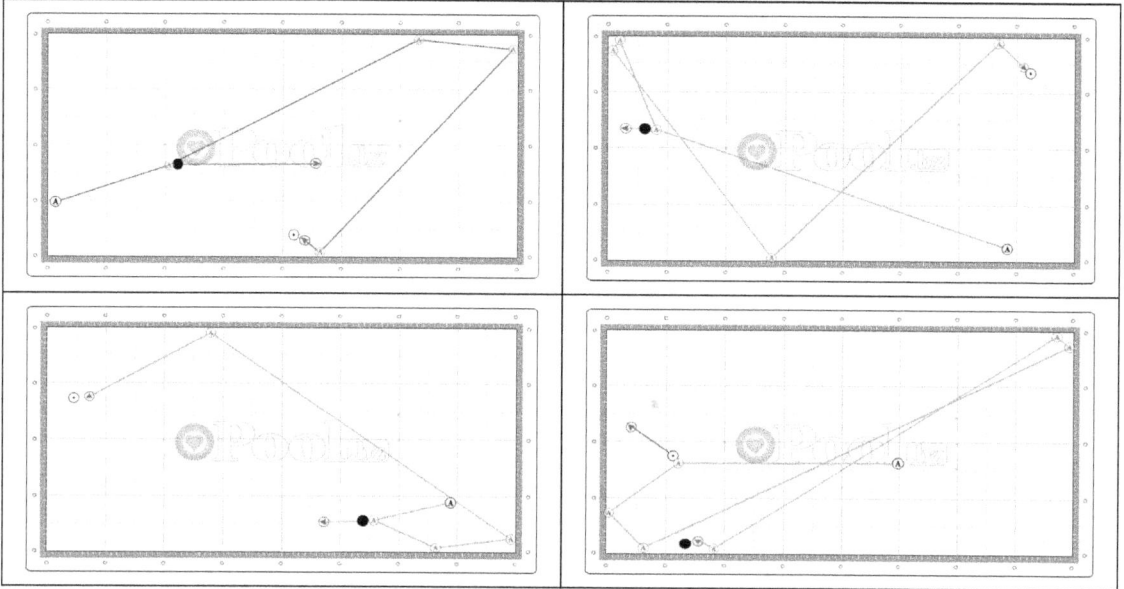

Analyse:

F:1a. _____

F:1b. _____

F:1c. _____

F:1d. _____

pstelling

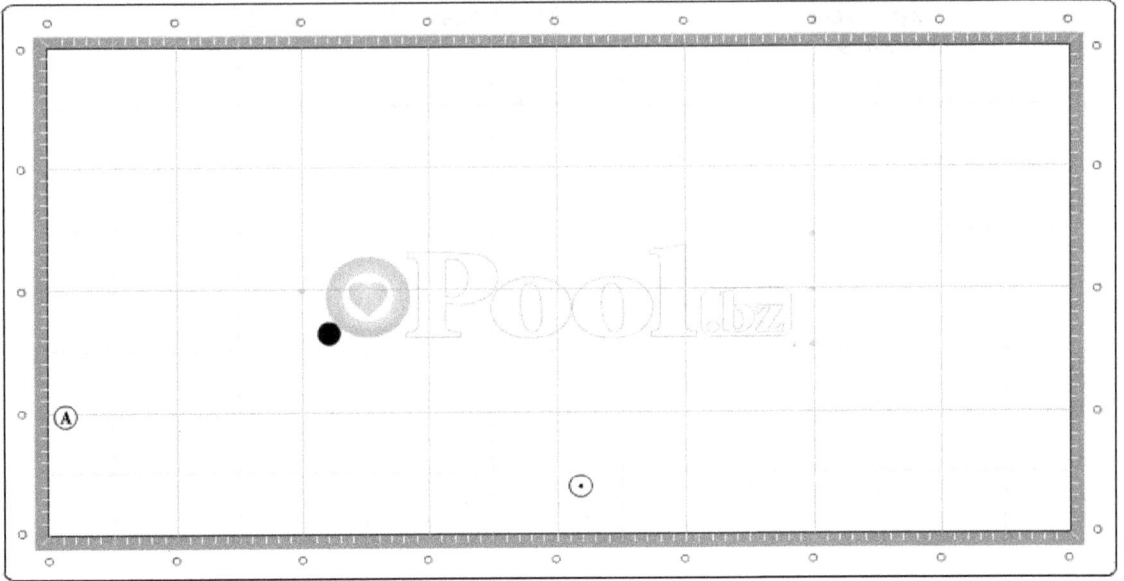

Opmerkingen en ideeën:

Schotpatroon

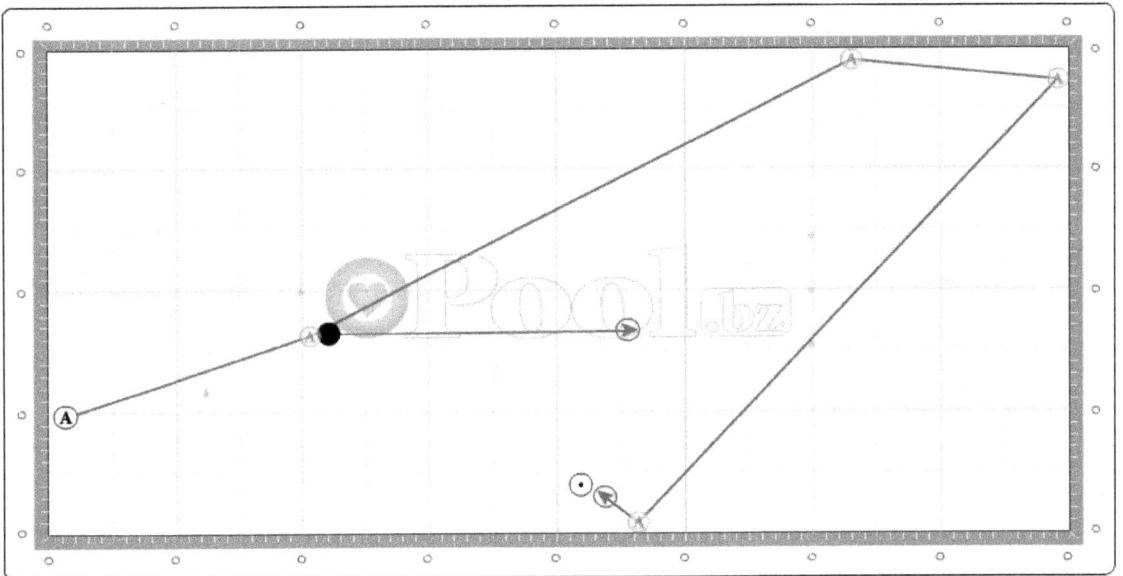

F:1b – Opstelling

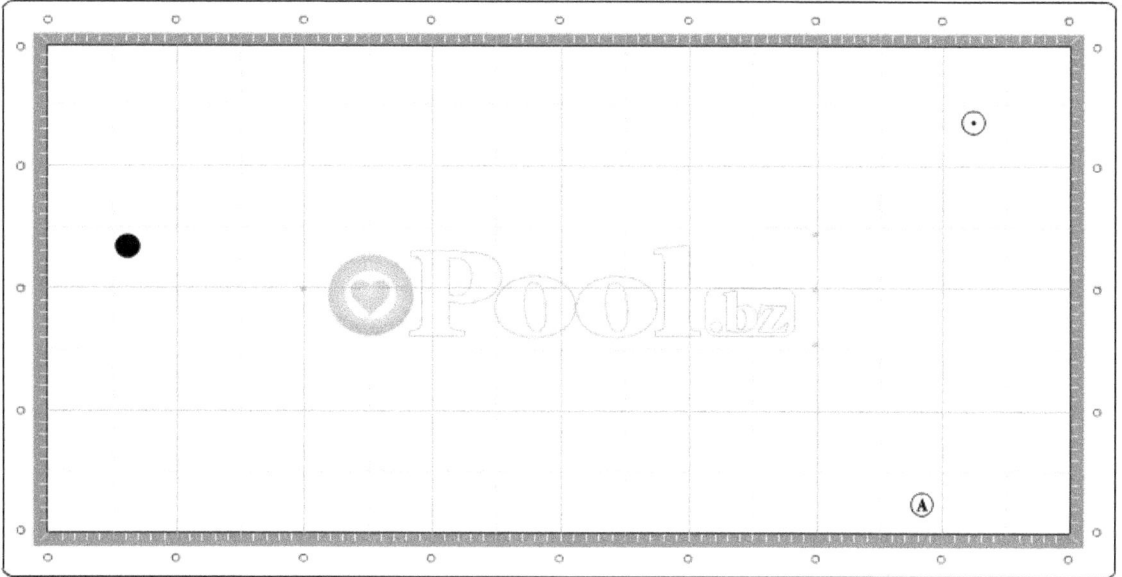

Opmerkingen en ideeën:

Schotpatroon

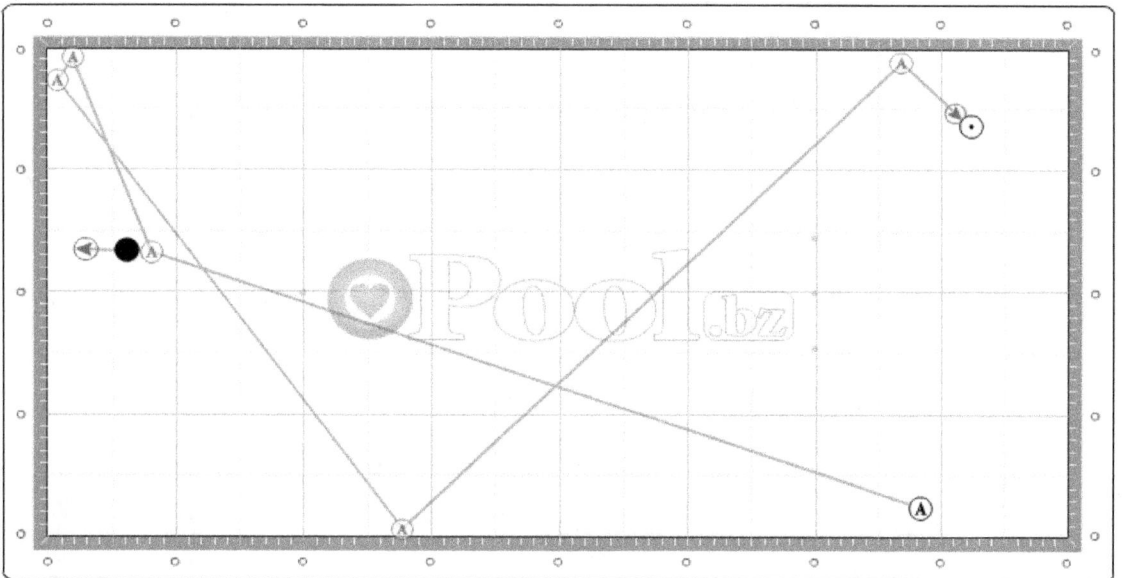

F:1c – Opstelling

Opmerkingen en ideeën:

Schotpatroon

F:1d – Opstelling

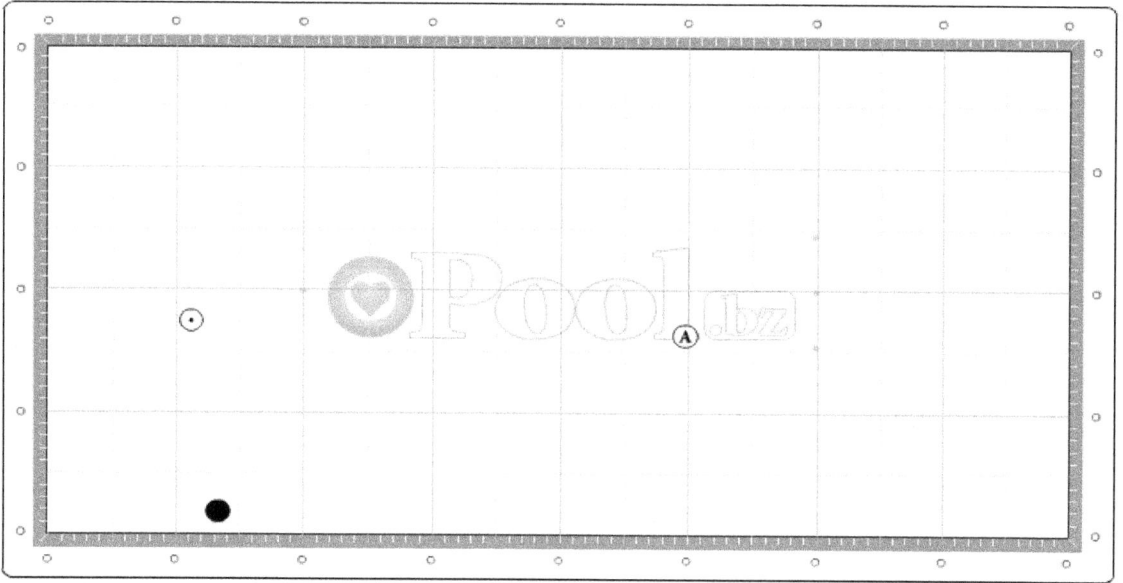

Opmerkingen en ideeën:

Schotpatroon

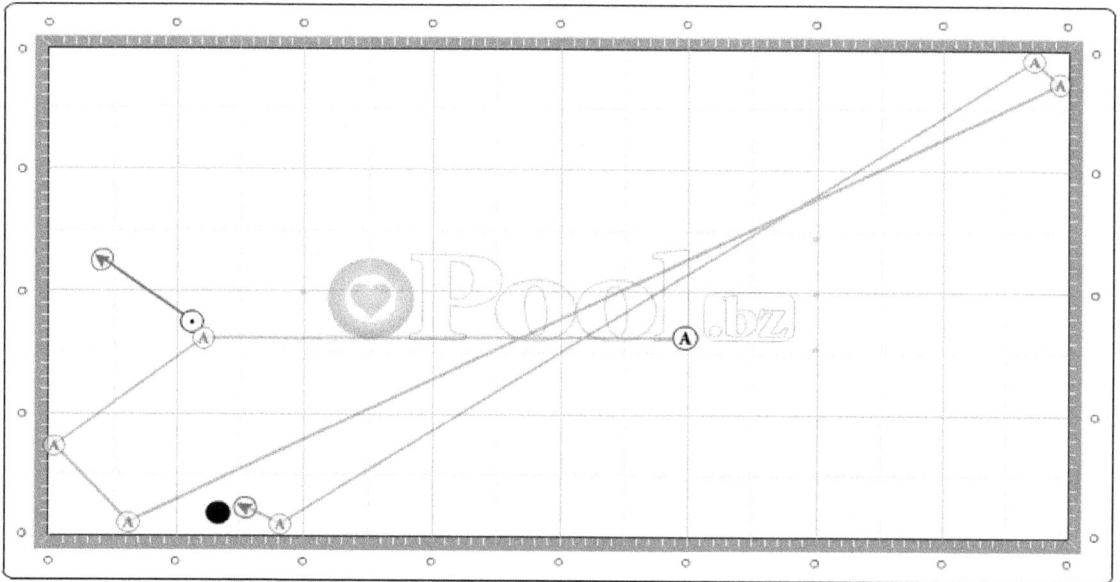

F: Groep 2

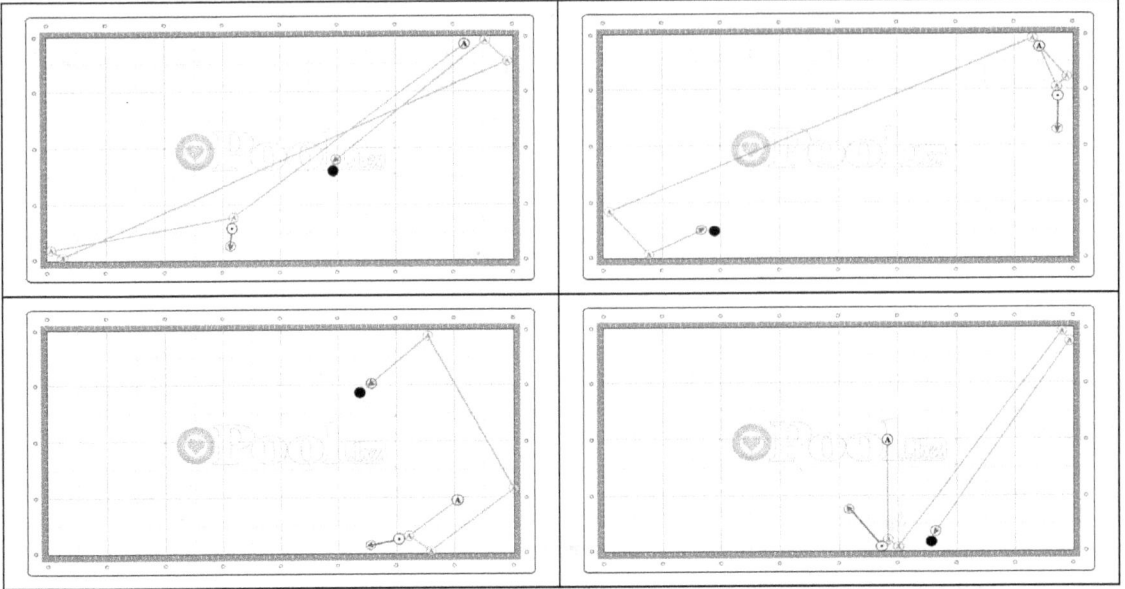

Analyse:

F:2a. _____

F:2b. _____

F:2c. _____

F:2d. _____

F:2a – Opstelling

Opmerkingen en ideeën:

Schotpatroon

F:2b – Opstelling

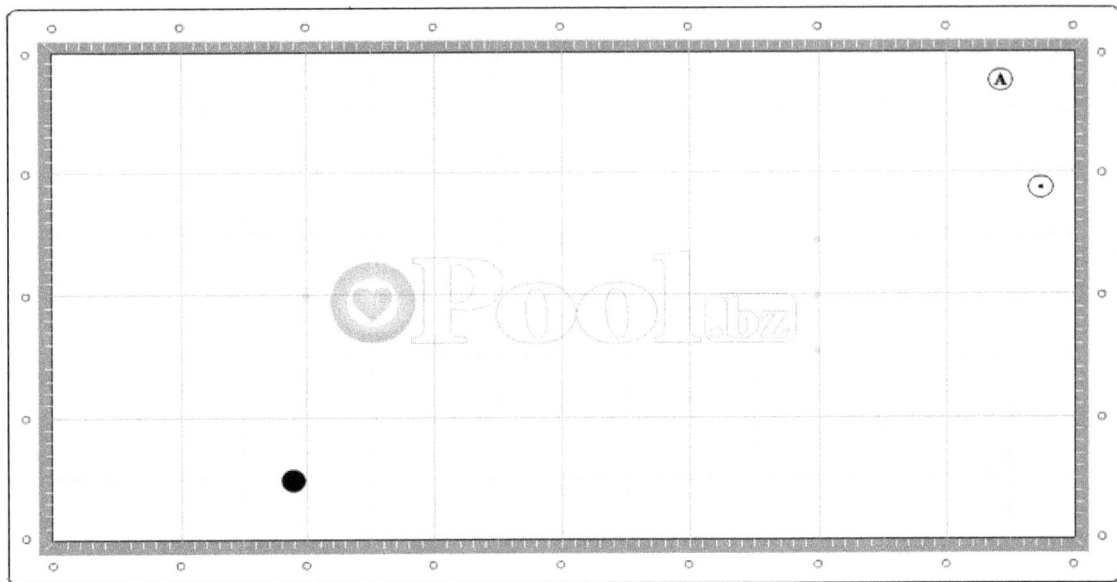

Opmerkingen en ideeën:

Schotpatroon

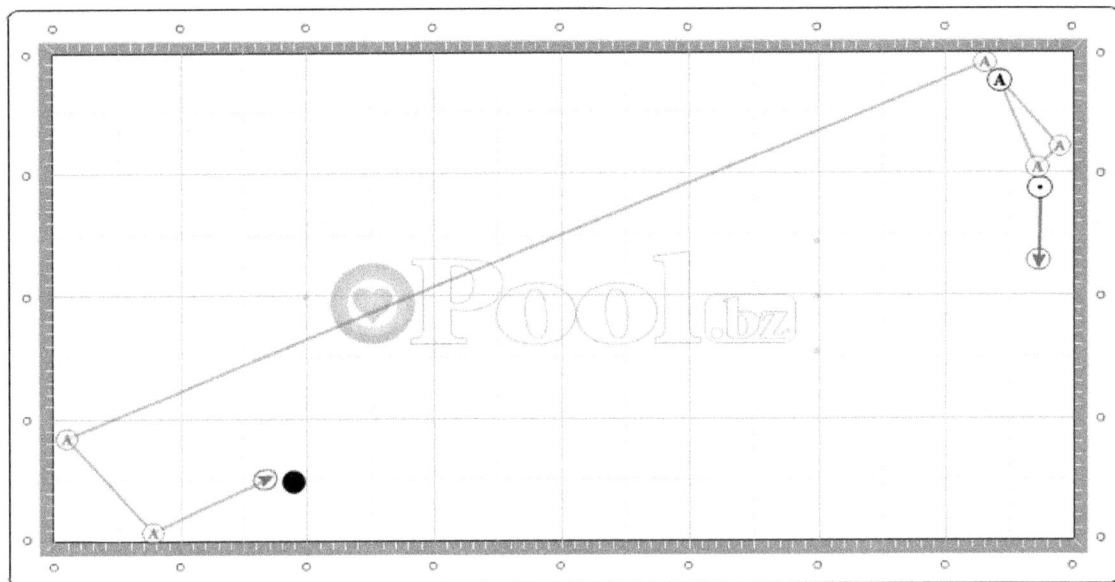

F:2c – Opstelling

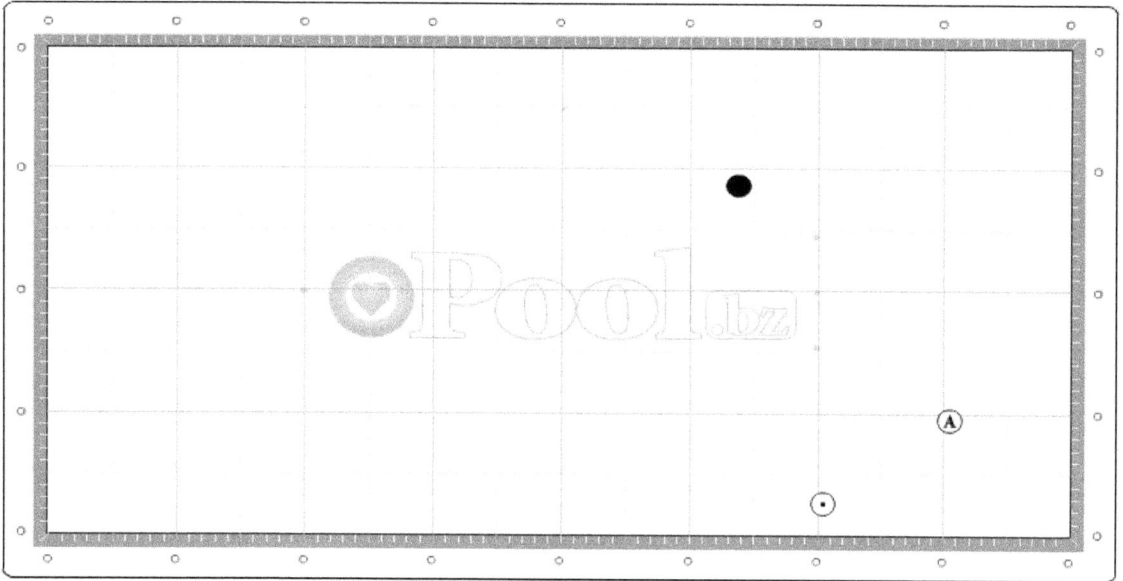

Opmerkingen en ideeën:

Schotpatroon

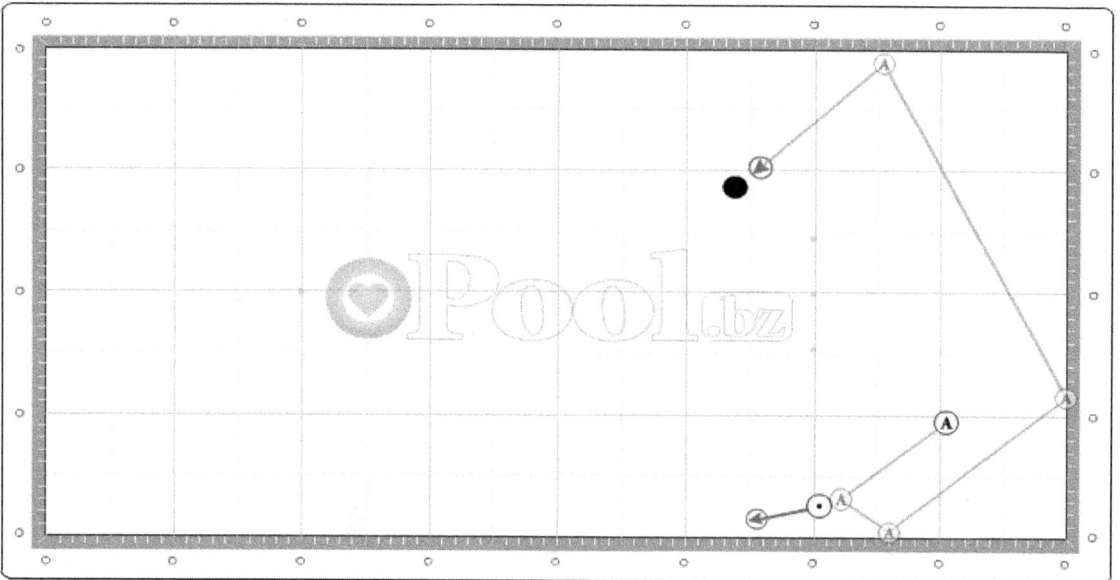

F:2d – Opstelling

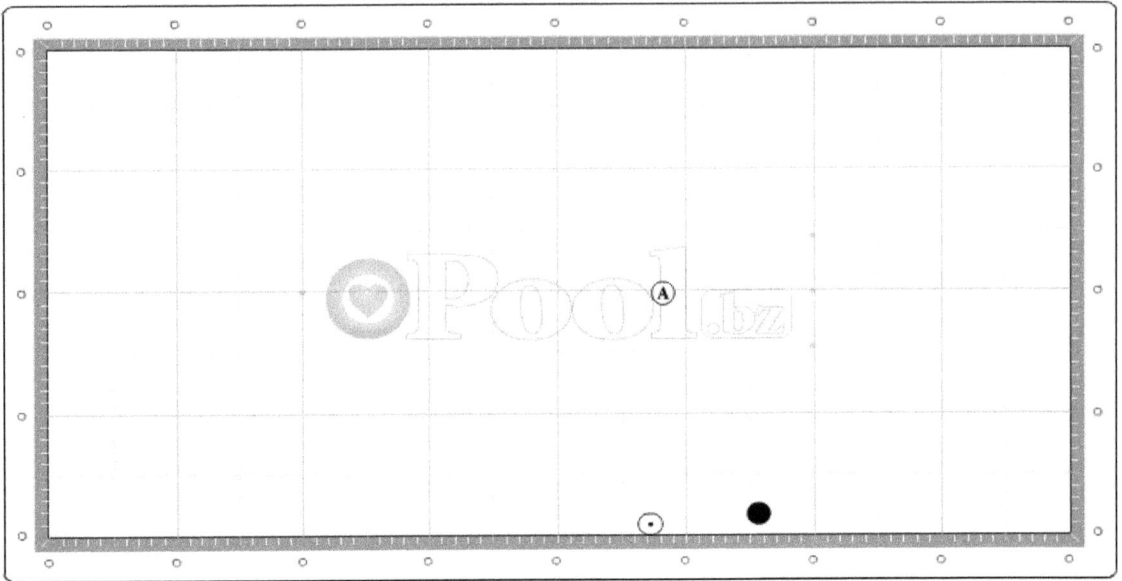

Opmerkingen en ideeën:

Schotpatroon

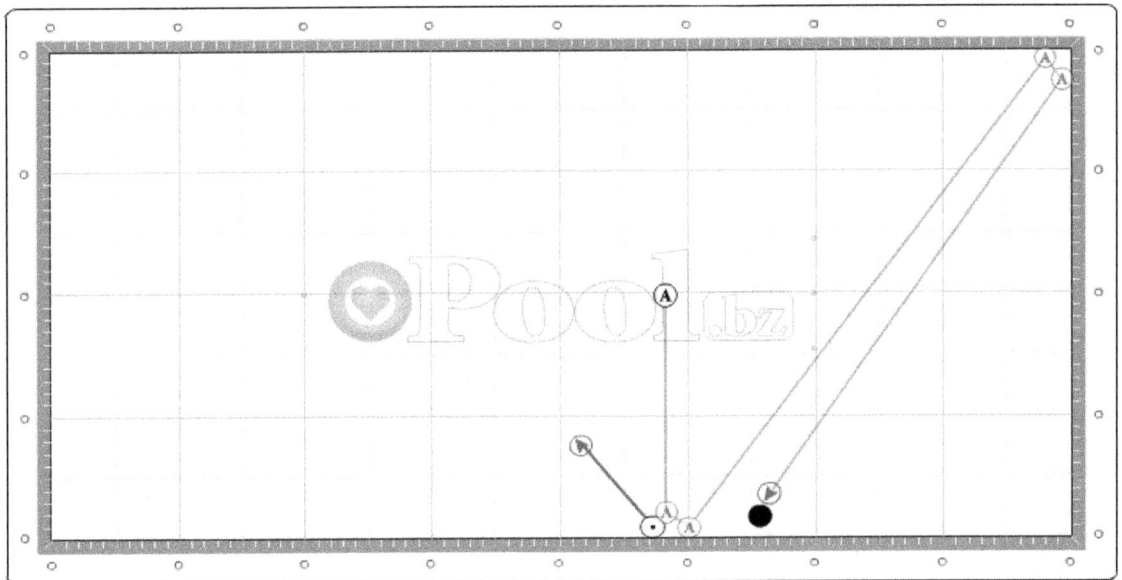

www.ingramcontent.com/pod-product-compliance
Lightning Source LLC
Chambersburg PA
CBHW062051090426
42740CB00016B/3092